新时代
铁路企业文化建设工作指引

中国国家铁路集团有限公司党组宣传部　编

中国铁道出版社有限公司
CHINA RAILWAY PUBLISHING HOUSE CO., LTD.
北　京

图书在版编目（CIP）数据

新时代铁路企业文化建设工作指引 / 中国国家铁路集团有限公司党组宣传部编 . —北京：中国铁道出版社有限公司，2023.10（2023.12重印）
ISBN 978-7-113-29881-4

Ⅰ. ①新… Ⅱ. ①中… Ⅲ. ①铁路企业 - 企业文化 - 建设 - 研究 - 中国 Ⅳ. ① F532.6

中国版本图书馆 CIP 数据核字（2022）第 238182 号

书　　名：新时代铁路企业文化建设工作指引
作　　者：中国国家铁路集团有限公司党组宣传部

责任编辑：马真真　王　鑫　　　**编辑部电话：**（010）51873407
封面设计：刘　莎
装帧设计：闰江文化
责任校对：安海燕
责任印制：赵星辰

出版发行：中国铁道出版社有限公司（100054，北京市西城区右安门西街 8 号）
网　　址：http://www.tdpress.com
印　　刷：北京盛通印刷股份有限公司
版　　次：2023 年 10 月第 1 版　2023 年 12 月第 3 次印刷
开　　本：710 mm×1 000 mm　1/16　**印张：**12.75　**字数：**158 千
书　　号：ISBN 978-7-113-29881-4
定　　价：68.00 元

前言

文化关乎国本、国运，文化建设始终是我们党治国理政的一项重要内容。铁路企业文化关乎推动铁路高质量发展，关乎满足干部职工日益增长的美好生活需要，关乎塑造铁路良好的社会形象，在铁路工作中发挥着无可替代的重要作用。

为深入学习贯彻习近平新时代中国特色社会主义思想，特别是贯彻落实习近平总书记关于文化建设的一系列重要论述，推动党的二十大对文化建设的部署要求在铁路落到实处，同时，也为了给铁路企业文化建设工作者提供实务性、操作性工作指引，引导大家不断深化对企业文化的规律性认识，以高度的文化自觉和文化自信，担负起新时代国家铁路新的文化使命，我们组织编写了《新时代铁路企业文化建设工作指引》一书。

本书注重理论与实践相结合，着力厘清铁路企业文化的基本概念和主要特征，集中梳理铁路企业文化的发展历程和实践成果，深入分析新时代铁路企业文化建设的经验启示和面临形势，翔实解读新时代铁路企业文化建设的框架体系和重点任务。为了增强可读性与实用性，我们在编写过程中广泛挖掘各单位企业文化建设特色做法和工作成果，以延伸阅读、图文案例、视频链接等形式予以呈现，供大家学习借鉴。

本书适用于为铁路高质量发展拼搏奉献的铁路职工和从事铁路企业文化建设的工作人员，也适用于铁路院校和铁路相关专业的广大师生，还适用于关心支持铁路发展的社会公众。开卷有益，我们相信通过本书，读者一定能够从中感受到中国铁路事业发展的强劲脉动，找到中国铁路不断从胜利走向胜利的文化密码。

编　者

目录

绪论

文化有广义和狭义之分。广义的文化，指的是人类改造客观世界过程中创造的物质成果和精神成果的总和；狭义的文化，则是指人类改造客观世界过程中创造的精神成果。我们常说的文化，是从狭义上来讲的。

文化是一个国家、一个民族的血脉，是人民的精神家园。文化的力量深深熔铸在民族的生命力、创造力和凝聚力之中。没有先进文化的积极引领，没有人民精神世界的极大丰富，没有民族精神力量的不断增强，一个国家、一个民族不可能屹立于世界民族之林。

文化是社会变革的先导，人类历史上任何一种新制度战胜旧制度、一种新体制代替旧体制，文化都以潜移默化、润物无声的方式，凝魂聚气、激发活力，指引方向、启迪思想，为社会变革提供强大精神支撑。文化是综合国力的重要内容，当今世界正处于大发展、大变革、大调整时期，综合国力的竞争日趋激烈，文化的地位和作用更加突出，与经济实力、科技实力、国防实力等硬实力相互影响、相辅相成，越来越成为各国综合国力竞争的重要因素。可以说，谁占据了文化发展制高点，谁拥有了强大文化软实力，谁就能在激烈的国际竞争中赢得主动。文化是政党的精神旗帜，反映着一个政党的理想追求，坚持什么样的方向，建设什么样的文化，不仅决定着文化自身的发展前途，更关系到一个政党的兴衰成败。

中华传统文化，是对中华民族历史上所创造的、具有鲜明民族特色的文化的总称，在中华民族漫长演化历程中汇集而成，反映了中华民族的特质和风貌。中华传统文化源远流长、包蕴万千。从思想精神层面看，包括中华先民在生产生活中培育和形成的一系列思想观念和道德传统等；从制度层面看，包括用以维持传统社会运转的大量制度规范、行为规范等；从文化艺术层面看，包括诗词、歌赋、戏曲、小说、书画、雕塑、篆刻等；从科学技术层面看，包括以四大发明为代表的古代科技创新成果；从民俗风俗层面看，包括传统节庆、历法、礼仪等；从语言文字层面看，包括56个民族创造的80多种语言、约30种文字等；从器物载体层面看，包括各民族衣冠服饰、建筑、器皿等。

中华优秀传统文化是中华传统文化中的精华，是有利于推动当代社会发展和进步、长期发挥正能量的文化，蕴含着中华民族的生产生活智慧，积淀着中华民族最深层的精神追求和价值取向，代表着中华民族独特的精神标识，是中华民族生生不息、发展壮大的丰厚滋养，是中国特色社会主义根植的文化沃土，是当代中国发展的突出优势，对延续和发展中华文明、促进人类文明进步，发挥着重要作用。2017年，中央办公厅、国务院办公厅印发的《关于实施中华优秀传统文化传承发展工程的意见》中指出，要“紧紧围绕实现中华民族伟大复兴的中国梦，深入贯彻新发展理念，坚持以人民为中心的工作导向，坚持以社会主义核心价值观为引领，坚持创造性转化、创新性发展，坚守中华文化立场、传承中华文化基因，不忘本来、吸收外来、面向未来，汲取中国智慧、弘扬中国精神、传播中国价值，不断增强中华优秀传统文化的生命力和影响力，创造中华文化新辉煌”。在强国建设、民族复兴的新征程上，我们要加强对中华优秀传统文化的挖掘和阐发，使中华民族最基本的文化基因与当代文化相适应、与现代社会相协调，把跨越时空、超越国度、富有永恒魅力、具有当代价值的文化精神弘扬起来。

中国特色社会主义文化，源自于中华民族五千多年文明历史所孕育的中华优秀传统文化，熔铸于党领导人民在革命、建设、改革中创造的革命文化和社会主义先进文化，植根于中国特色社会主义伟大实践。发展中国特色社会主义文化，就是以马克思主义为指导，坚守中华文化立场，立足当代中国现实，结合当今时代条件，发展面向现代化、面向世界、面向未来的，民族的科学的大众的社会主义文化，推动社会主义精神文明和物质文明协调发展。习近平总书记多次强调："要坚定文化自信，推动中华优秀传统文化创造性转化、创新性发展，继承革命文化，发展社会主义先进文化，不断铸就中华文化新辉煌，建设社会主义文化强国。"在党的二十大报告中，习近平总书记明确指出："全面建设社会主义现代化国家，必须坚持中国特色社会主义文化发展道路，增强文化自信，围绕举旗帜、聚民心、育新人、兴文化、展形象建设社会主义文化强国，发展面向现代化、面向世界、面向未来的，民族的科学的大众的社会主义文化，激发全民族文化创新创造活力，增强实现中华民族伟大复兴的精神力量。"在文化传承发展座谈会上，习近平总书记强调："要坚定文化自信、担当使命、奋发有为，共同努力创造属于我们这个时代的新文化，建设中华民族现代文明。"

对于铁路而言，贯彻落实习近平总书记关于文化建设的重要论述和党中央关于文化强国建设的部署要求，就是要深入推进企业文化建设。

与文化一样，企业文化也有广义和狭义之分。广义的企业文化是指企业在生产经营实践中所创造的具有自身特点的物质成果和精神成果的总和；狭义的企业文化是指企业在生产经营实践中形成的具有自身个性的经营宗旨、价值观念、行为规范等的总和。我们这里所说的企业文化，是从狭义上来讲的。

企业文化由理念、制度、行为、物质等四个层面构成，是企业的一种无形资产，被称为企业的“灵魂立法”。企业文化具有导向性，就像一个路标，对员工的思想观念、思维方式、行为习惯以及企业的整体价值取向具有指引作用，引导员工和企业向既定的方向与目标努力前进；企业文化具有约束性，就像一把标尺，对员工的一言一行进行培育和塑造，使员工清楚地明白企业倡导什么、禁止什么，在工作中不断规范自身言行，养成良好行为习惯；企业文化具有凝聚性，就像一个磁场，当它倡导的价值观念被员工普遍认可并自觉遵循后，就会产生强大的向心力和凝聚力，形成一种同舟共济、昂扬向上的精神状态；企业文化具有辐射性，就像一种电波，不仅影响着企业的每一名员工，还会通过员工、产品、服务等辐射到社会，影响着公众对企业的整体印象和总体评价，塑造企业形象，决定企业的市场竞争力。

中国铁路在100多年的发展历程中，特别是在党的领导下，不仅创造了巨大的物质财富，也积淀形成了独具特色、底蕴深厚的铁路文化。从中国铁路肇始，铁路文化就在中华大地上孕育萌芽，并随着铁路事业的发展逐渐壮大，成为一种重要的行业文化。2013年3月，根据十二届全国人大一次会议批准的《国务院机构改革和职能转变方案》，对铁路实行政企分开改革，撤销铁道部，组建中国铁路总公司，承担铁道部的企业职责。经中央批准，2019年中国铁路总公司改制成立中国国家铁路集团有限公司。铁路转企改制之后，我国铁路文化进入了以铁路企业文化为主体的新阶段。从发展历程来看，铁路行业文化是铁路企业文化的起源，是铁路企业文化的根之所在，铁路企业文化是对铁路行业文化的继承和发展，是当前铁路行业文化的突出代表。

铁路企业文化是国铁企业立足于国家铁路、人民铁路的战略定位，在服务经济社会发展、服务人民群众过程中，培养形成并共同遵守的价值观念、根本宗旨、行为规范等的总和，深刻反映和代表着国铁企业的核心价值、整体形象和精神品格。铁路企业文化吸收了中华优秀传统文化精华，传承了铁路“始终听党话、永远跟党走”的红色基因，体现了国铁企业的治理理念，实现了在继承中创新、在创新中发展，除了具有企业文化的导向性、约束性、凝聚性、辐射性等共性特征外，还具有自身的鲜明特征。

铁路企业文化具有突出的政治性。中国铁路是党执政兴国的重要支柱和依靠力量，政治属性是国铁企业的根本属性，旗帜鲜明讲政治、顾大局，是铁路人的优良作风。国铁企业坚持马克思主义在铁路意识形态领域的指导地位，坚持用习近平新时代中国特色社会主义思想武装党员、教育职工，坚持正确的政治立场、政治方向和政治观点，为铁路高质量发展厚植强大的精神力量。铁路企业文化的政治性，决定了铁路人胸怀“国之大者”，坚守国家铁路、人民铁路战略定位，勇当服务和支撑中国式现代化建设“火车头”的政治担当。

铁路企业文化具有突出的传承性。中国铁路在不同历史时期始终保持着毫不懈怠的精神状态和一往无前的奋斗姿态，“始终听党话、永远跟党走”的红色基因永续传承，以“人民铁路为人民”为核心的铁路精神谱系永不褪色。代代相传的优良传统和精神血脉，塑造了国铁企业的内在品格和外在形象。铁路企业文化的传承性，决定了国铁企业必然要传承红色基因，赓续红色血脉，弘扬铁路优秀传统文化，守好铁路发展的本和源、根和魂，始终以党的旗帜为旗帜、以党的意志为意志、以党的使命为使命，坚定服务国家战略。

铁路企业文化具有突出的纪律性。中国铁路具有“高度集中、大联动机、半军事化”的行业特点，形成了“严字当头、铁的纪律”等工作作风。规范严明的制度机制、绝对服从的纪律意识、强力高效的执行体系、“一张网”“一盘棋”的集中统一指挥等，生动展现了铁路垂直管理、一贯到底的组织优势，充分彰显了铁路有令必行、有禁必止的忠诚担当。铁路企业文化的纪律性，决定了中央有号召、铁路有行动，决定了铁路人特别敢担当、特别能奉献、特别讲纪律、特别有执行力的优秀品格，决定了铁路人舍小家、顾大家，不忘初心、使命在肩的奋斗精神。

铁路企业文化具有突出的多样性。中国铁路在100多年的发展历程中形成了丰富多彩的铁路文化，各领域、各系统、各单位文化建设因地制宜、各展其长。铁路优秀传统文化，国铁企业政治文化，安全、服务、经营和法治、创新、网络等铁路重要工作领域企业文化，高铁、重载铁路、川藏铁路等铁路重点发展领域企业文化，以及车间班组家园文化等成果丰硕，呈现出百花齐放、多元发展的生动局面。铁路企业文化的多样性，决定了推进铁路企业文化建设不能一刀切、一锅煮，必须从实际出发，分类施策、分类指导，充分释放文化创造性，让铁路企业文化的百花园越来越绚烂多彩。

铁路企业文化具有突出的创新性。中国铁路从跟跑到并跑，再到领跑，关键一招就是创新。铁路企业文化始终紧紧跟随时代发展步伐而推陈出新，始终紧紧围绕铁路改革创新实践而革故鼎新，不断推进理念创新、内容创新、载体创新、手段创新和基层工作创新，持续提升吸引力和影响力，不断为铁路事业发展注入新的文化活力。铁路企业文化的创新性，决定了铁路既坚守根本、培根固本，又勇于创新、积极创造的精神禀赋，昭示着铁路不断创造奇迹、从胜利走向胜利的未来图景。

铁路企业文化建设紧跟中国特色社会主义文化发展方向和步伐，始终坚持马克思主义在意识形态领域的指导地位，坚持以中华优秀传统文化为根和魂，坚持在革命文化中汲取营养，坚持在社会主义先进文化中吸收借鉴，坚持在中国特色社会主义伟大实践中创新发展，不断丰富着中国特色社会主义文化。总的来讲，中国特色社会主义文化是铁路企业文化的母体，它的发展深刻影响着铁路企业文化；铁路企业文化是中国特色社会主义文化的重要组成部分，是中国特色社会主义文化在国铁企业的具体体现，是中国特色社会主义文化发展壮大的重要力量。

新时代新征程，铁路企业文化建设任重道远：深入学习贯彻党的二十大精神，深入贯彻落实习近平总书记关于文化建设的重要论述，对铁路企业文化建设提出新要求；推动铁路高质量发展，率先实现铁路现代化，勇当服务和支撑中国式现代化建设的“火车头”，对铁路企业文化建设提出新要求；不断满足干部职工对精神文化生活的美好向往，对铁路企业文化建设提出新要求。

我们要深刻把握新时代铁路企业文化建设的指导思想和原则目标，坚持以习近平新时代中国特色社会主义思想为指导，坚持党的全面领导，坚持以人民为中心，坚持围绕中心、服务大局，坚持创造性转化、创新性发展，推动铁路干部职工的思想道德素质、科学文化素质和文明程度显著提高，推动铁路优秀传统文化赓续传承，推动铁路企业形象更加鲜亮，推动铁路文化软实力不断增强。

我们要深刻把握新时代铁路企业文化建设的系统架构，准确理解国铁企业政治文化、铁路优秀传统文化、铁路重要工作领域企业文化、铁路重点发展领域企业文化、车间班组家园文化的基本概念、主要特征和工作内容，不断深化对铁路企业文化建设的规律性认识，不断丰富深化铁路企业文化建设的思路招法，统筹推进理念、制度、行为、物质等层面的文化创新，打造铁路企业文化建设新的增长点。

我们要深刻把握新时代铁路企业文化建设的重点任务，坚持用习近平新时代中国特色社会主义思想凝心铸魂，广泛践行社会主义核心价值观，大力传承弘扬铁路优秀传统文化，持续深化安全、服务、经营等铁路重要工作领域企业文化建设，积极培育高铁、重载铁路、川藏铁路等铁路重点发展领域企业文化，不断丰富职工精神文化生活，大力发展铁路文化事业和文化产业，为建设中华民族现代文明贡献铁路力量。

文化兴国运兴，文化强民族强。让我们在以习近平同志为核心的党中央坚强领导下，乘着文化强国建设的东风，在新时代波澜壮阔的征程中感悟文化的脉动，在铁路日新月异的发展中进行文化的创造，久久为功、日日用功，推动铁路企业文化建设守正创新、继往开来，谱写当代华章，为勇当服务和支撑中国式现代化建设的“火车头”提供强大的思想保证、精神动力和文化支撑。

第一章

新时代铁路企业文化建设的基本实践

中国铁路在党的领导下，在各个时期都开展了特别鲜明的文化建设，特别是党的十八大以来，铁路企业文化建设坚持继往开来、守正创新，取得了丰硕的实践成果，也在发展过程中形成了有益的经验启示。

第一节 铁路企业文化建设的发展历程

追溯铁路企业文化的渊源和发展，可以清晰看到，中国铁路从艰难起步到快速发展，从自主创新到世界领先，各个时期都孕育了特色鲜明、内涵丰富的铁路文化，形成了一脉相承的文化传统，迸发着创新创造的文化活力。

（一）新民主主义革命时期的铁路文化

1876 年，伴随着西方列强的坚船利炮，现代工业的标志性产物——铁路，出现在中国大地上。中日甲午战争之后，帝国主义开始大规模掠夺中国铁路权益。从那时起，中华民族无数仁人志士开始了争路权、建铁路的苦苦求索，旗帜鲜明地提出了“路权即主权”的响亮口号，以詹天佑等人为代表的爱国知识分子率先开启了中国自建铁路的历史。1905 年 10 月至 1909 年 9 月，中国人自主设计和建造了第一条干线铁路——京张铁路，被誉为体现“中国人自主创新精神的争气路”，展现了第一代铁路人爱国创新、艰苦奋斗、自力更生的精神品格。

随着“路权即主权”口号逐渐深入人心，各地纷纷爆发了争夺路权的斗争运动。1911 年春，清政府准备以“国有”为名出卖全国铁路主权，激起广大民众的坚决反对。当年6月，四川、湖北、湖南、广东等地纷纷成立“保路同志会”，群情激昂地叫响了“路存与存、路亡与亡”的口号，旅美华侨也坚定宣称“誓死不从”。全国数十万人参加的保路运动发展为反对清政府腐朽统治的斗争，直接导致了辛亥革命的总爆发，充分体现了以爱国主义为核心的民族精神，唤起了广大中国人民的爱国热情。

1921年，中国共产党成立之后，中国第一所向工人传播马克思主义的学校在京汉铁路长辛店铁路工厂开办，铁路工人率先接受马克思主义思想熏陶，成为第一批工人党员，踊跃投身到谋求民族独立、人民解放的伟大斗争中，播下听党话、跟党走、坚定信念不回头的革命火种。

1921年11月20日，陇海铁路工人为反对裁人减薪、虐待工人举行声势浩大的大罢工，公开发表了《陇海铁路罢工宣言》，提出了“反虐待、争人权、光国体”等口号，激发了铁路工人反剥削反压迫的坚强决心，最终以实现工会提出的要求而取得胜利。这次罢工是中国工人运动第一次高潮的前奏曲。

1922年五一劳动节，安源路矿工人俱乐部宣告成立。1922年9月14日，安源路矿工人为要求当局承认俱乐部有工人代表的权利和增

延伸阅读

1921年，陇海铁路工人大罢工之后，陈独秀评价了这次罢工胜利的意义：“陇海罢工，捷报先传，东起连云，西达陕西，横亘中州，震动畿辅，远及南方，这是我党初显身手的重大事件。”

刘少奇在《安源路矿工人俱乐部略史》中如此评价安源路矿工人运动胜利：“未伤一人，未败一事，而得到完全胜利，这实在是幼稚的中国劳动运动中绝无而仅有的事。”

加工资，按照毛泽东的部署和刘少奇提出的“使无产阶级团结起来，养成无产阶级支配社会的潜伏势力”政治主张，以“从前是牛马，现在要做人”为口号举行罢工，成为中国共产党第一次独立领导并取得完全胜利的工人运动。毛泽东在发动这次运动时说：“一颗小石子一脚可以踢开，要是把很多小石子用石灰凝结在一起，结成一块大盘石，就不容易搬动了。”这次运动的胜利，使工人深切认识到团结奋斗的重要性，提高了工人们的阶级觉悟和组织性。

1923 年，为争取成立京汉铁路总工会，京汉铁路工人举行震惊中外的二七大罢工，果断提出了“为自由而战，为人权而战”的政治口号，“头顶共产党，怀揣革命心，手拿团结刀，别妻离子，死也光荣”的歌谣广为传唱，成为鼓舞铁路工人前仆后继、英勇斗争的精神力量。自此，工人运动热潮“若决江河，沛然莫之能御”，形成空前壮举。林祥谦、施洋等一大批铁路工人用鲜血和生命铸就的“二七”精神，成为中国革命史上一座不朽的丰碑。

在之后的五卅反帝爱国运动、省港大罢工、一二·九运动中，铁路工人以坚定的革命意志、顽强的斗争精神，有力配合了党在各个时期的革命斗争。

1931 年九一八事变后，全国许多地方的铁路工人迅速行动起来，积极为抗日爱国将士捐钱献物，长沙的铁路工人还发出倡议：每逢“九一八”纪念日，全国各机关捐薪一天作为抗日费用，直至收复全部国土。

1937 年卢沟桥事变后，各地铁路工人的抗日救亡组织如雨后春笋般建立起来，粤汉、津浦、平汉等铁路工人捐献工资支援抗战；陇海铁路工人成立“车上服务团”，演唱抗日歌曲，鼓舞抗日热情；鲁南铁道游击队英勇抗战的故事传遍大江南北；郑州很多失业的铁路工人和家属提出“宁肯失业，也不做汉奸”的口号……

1938年，沪宁、沪杭甬铁路工人发表了《告全国铁路流亡员工日志书》，号召铁路工人“坚决拒绝替敌做工，尽自己的能力参加抗日工作，使全国铁路员工结成一个强大的抗敌力量，以争取抗战的最后胜利”，为宣传抗日、动员抗日、投身抗日，发出了最后的吼声。

百团大战中，八路军提出“不留一根铁轨，不留一根枕木，不留一个车站，不留一个碉堡，不留一座桥梁，不留一根电杆”的战斗口号，铁路工人坚决响应号召，开展了以破坏敌人的交通线为主要内容的破袭战，有效钳制了大批日军主力，减轻了正面战场压力，鼓舞了民心士气。

抗日战争中，中国铁路工人汇入全民族抗战洪流，在党的领导下同仇敌忾，把铁道线变成了抗击日寇的最前线，满怀爱国热忱奋起反抗，抛头颅、洒热血，同日本侵略者进行了坚决彻底的斗争，谱写了可歌可泣的奉献篇章。

1946年6月，国民党反动派撕毁停战协定，悍然发动全面内战。广大铁路职工响应党“厂是人民的财产，不能让反动派动它一分一毫”的号召，展开了轰轰烈烈的护路护厂斗争，以强烈的主人翁意识保护了人民财产，为新中国成立后铁路运输的迅速恢复提供了有利条件。与此同时，为了支援前线，提高运输能力，铁路工人广泛开展“死机复活”“死车复活”运动，昼夜不舍修复机车车辆和铁路线路，冒着战火硝烟运送部队和作战物资，“解放军打到哪里，铁路就修到哪里，火车就开到哪里”，成为广大铁路工人的共同誓言。这一时期，“毛泽东号”和“朱德号”机车诞生，冲锋在人民解放战争的最前线，铸就了“报效祖国、忠于职守、艰苦奋斗、永当先锋”的“毛泽东号”精神和“敢挑重担、勇当先锋”的“朱德号”精神。

新民主主义革命时期，铁路文化集中体现在积极响应党的号召，为了争取民族独立、人民解放而舍生忘死、前仆后继的革命英雄主义精神。在这种精神的激励下，铁路人英勇无畏投入到党领导的中国革命和民族解放战争中，为夺取胜利、建立新中国立下不朽功勋。

（二）社会主义革命和建设时期的铁路文化

1949 年 1 月，中国人民革命军事委员会铁道部成立。毛泽东主席为《人民铁道》报亲笔题写刊名，极大鼓舞了铁路干部职工。从此，“人民铁道”四个字成为新中国铁路的代名词，“人民铁路为人民”的根本宗旨深深镌刻在万里铁道线上。

1949 年 5 月，军委铁道部发出通知，在全国征集中国铁路路徽图样。一个月的时间里，就收到应征图案 3200 多件。经过层层筛选，并报请中央人民政府政务院暨财经委员会批准，确定陈玉昶设计的图案作为中国人民铁道路徽。1950 年 1 月 19 日，铁道部发出

延伸阅读

1949 年 7 月 9 日，全国铁路职工临时代表会议暨全国机务会议结束前夕，全体代表被请进中南海怀仁堂，受到毛泽东、周恩来和朱德的亲切接见。毛泽东发表了重要讲话，他说：“中国从前是被帝国主义统治的，建筑铁路多是向帝国主义借款，帝国主义借款修筑的每一条铁路，都是和那些帝国主义国家的侵略目的相配合的。铁路成为帝国主义压迫、榨取我们的工具。现在我们不受帝国主义统治了，我们有可能并且应该很好地恢复铁路并发展铁路。”他还指出，“我们这样大的国家，现在还只有两万多公里铁路，这太少了，我们需要有几十万公里的铁路。要修成几十万公里铁路，我们主要要依靠群众，就是工人、工程师等一切有用的人。”

“制定中国人民铁道路徽图案式样分发全国各铁路一律制用”的部令，对中国人民铁道路徽标准式样和应用场合进行明确规定，并对路徽图案的含义专门作了说明：整体外形代表机车正面，外圈代表人民，“工”字钢轨的横断面代表铁道，整个图案象征人民铁道在前进。从此，中国铁路有了自己的形象标识，并且一直沿用至今。

1950 年 6 月，正当铁路职工与全国人民一道怀着满腔热情医治战争创伤、恢复国民经济的时候，朝鲜战争爆发，大批铁路干部职工和铁道兵指战员加入志愿军行列，雄赳赳气昂昂奔赴保家卫国第一线。1951 年 1 月，东北军区召开的志愿军第一届后勤会议提出，要在朝鲜战场上“建设铁路、公路、水路相结合，火车、汽车、手推车相结合，快装、快卸、快运相结合，抢运、抢修和防空相结合，纵贯道路和横贯道路相结合的打不断、炸不烂的钢铁运输线”。服务于这个总的目标，广大铁路干部职工和铁道兵指战员冒着枪林弹雨边侦察、边抢修、边前进，把急需的军用物资源源不断地送往朝鲜前线，为抗美援朝的最终胜利作出了重要贡献。

这一时期，广大铁路职工和铁道兵指战员中涌现出一大批英雄模范，有 4000 多人荣获朝鲜民主主义人民共和国的英雄称号和勋章、奖章。不顾敌机疯狂轰炸向满载武器弹药的军

延伸阅读

1950 年 1 月 22 日，《人民日报》发表了铁道部公告，确定采用陈玉昶设计的图案作为中国人民铁道路徽。公告中还公布了中选名单和奖励数额，第一名为陈玉昶，奖励为小米 800 斤。

用列车发出红色信号的程绍武、舍身跳入冰水中搬走定时炸弹的铁道兵战士王国璋、用身躯阻止满载军火列车下滑的铁路职工王景洲、为抢修清川江大桥牺牲的“登高英雄”杨连第等成为他们的杰出代表。

为了更好地宣传铁道兵和铁路工人的先进施工经验和英雄事迹，衡阳铁路局八名印刷厂工人创办报纸《铁道战士》，用一台简陋的机器在山洞里每周印刷两期，一篇篇充满战斗豪情的文章，一个个舍生忘死的故事，就像一颗颗投向敌人的炮弹，极大鼓舞了铁道兵和铁路工人的革命斗志和必胜决心。

新中国成立后，在国家百业待兴、财政非常困难的情况下，党中央毅然决定从铁路入手，恢复国民经济。面对旧中国留下的支离破碎、满目疮痍的铁路线，当家作主的铁路人坚决响应党的号召，以无私忘我的主人翁精神和争作贡献的创造激情，积极恢复运输生产、组织大规模抢修铁路和新线建设，坚决当好社会主义建设的开路先锋。

成渝铁路，规划于清末，然而直到新中国成立，40多年过去，还只是地图上的一条虚线。1950年6月15日，成渝铁路开工典礼在重庆举行，贺龙将一面绣有“开路先锋”4个字的锦旗授予筑路大军。在铁路工程专业人员的指导下，筑路军民贯彻党中央提出的“依靠地方，

延伸阅读

1950年10月11日，《人民铁道》报“汽笛”副刊正式创刊，郭沫若同志专门题写“汽笛”刊头。创刊以来，《人民铁道》报“汽笛”文学副刊以文会友、以文为伍，团结路内外广大作家和文学爱好者，为繁荣发展铁路文学共同努力，收获了沉甸甸的硕果。目前，“汽笛”副刊已经成为新中国历史最悠久、影响最大的文学副刊之一。

群策群力，就地取材，修好铁路”的方针，发扬“艰苦奋斗，勤俭建国”的精神，仅用两年时间就修通全线。1952 年，毛泽东主席欣然题词：“庆贺成渝铁路通车，继续努力修筑天成路。”此后，又相继建成了天兰、兰新、成昆、湘渝等干线铁路和若干条支线铁路，铁路运营里程从新中国成立初期的 2.1 万公里增长到 1978 年的 5.2 万公里，中国铁路网初步形成，铁路成为国民经济大动脉。铁路人用自己的双手甚至生命，在社会主义建设中展现出“敢教日月换新天”的豪情壮志，谱写了新中国铁路的创业史。

在开展大规模新线建设的同时，“满载、超轴、五百公里”运动在铁路兴起，广大铁路职工热情响应，迸发出火热的工作干劲。郑锡坤机车牵引超轴操纵法、李锡奎快速调车法、郭春林预防性维修养路法等一大批先进工作经验得到广泛推广和应用。《人民铁道》报积极宣传推广“毛泽东号”司机长岳尚武等先进典型事迹和各单位的特色做法，推动“满超五”运动向更广更深的范围发展，为实现国民经济全面恢复和较快发展作出了重要贡献。1954 年上映的电影《英雄司机》正是以“满超五”运动中涌现出的先进人物和劳动模范为原型拍摄的，在社会上引发了强烈反响。

1975 年 3 月，党中央下发了《关于加强铁路工作的决定》，把铁路作为国家开展全面整顿的突破口。铁道部认真落实党中央决策部署，提出了“四通八达、畅通无阻、安全正点，名副其实地当好先行官”的奋斗目标，以强烈的紧迫感、使命感和责任感冲锋在前，实施了一系列重要举措，有力扭转了铁路运输生产形势，促进了经济社会的稳定和发展。老百姓在火车车厢上刷出“火车正点万里行”的醒目标语，以此来表达欢欣鼓舞的心情。铁路先行的举措拉开了中国改革的序幕，有力调动起各行各业的改革热情，为国民经济发展作出了突出贡献。在这样的时代背景下，铁路人的担当意识和主人翁精神得到充分展现，“四通八达、畅通无阻、安全正点、当好先行”的火车头精神也在社会上渐渐叫响。

这一时期，全国铁路大张旗鼓树立孙家养路工区、新民车站、“毛泽东号”机车组等先进典型，铁道部作出决定，号召全路干部职工向他们学习，涌现出一大批新典型。这一时期，“逢山开路、遇水架桥”的“开路先锋”精神、“为国分忧、艰苦奋斗”的“铁牛号”精神、“一点不能差，差一点也不行”的小东精神、“不走样”的福生庄精神孕育形成，成为铁路人宝贵的精神财富。这一时期，电影《烽火列车》《12 次列车》，小说《夜走灵官峡》、系列版画《铁道兵》、油画《开路先锋》等一大批脍炙人口的铁路题材文学文艺作品也应运而生，讴歌了铁路人勇当开路先锋的豪情壮志。

社会主义革命和建设时期的铁路文化集中体现在奋不顾身、保家卫国的家国情怀，体现在艰苦奋斗、热火朝天的创造精神，体现在为了推动国民经济发展，勇当开路先锋的先行意识。在这样的文化氛围熏陶下，铁路人和全国人民一道自力更生、发愤图强，展现了“敢教日月换新天”的雄心壮志和磅礴力量。

（三）改革开放时期的铁路文化

1978 年 12 月，党的十一届三中全会作出把党和国家重心转移到经济建设上来、实行改革开放的历史性决策。铁路作为国民经济大动脉，坚决落实党中央要求，充分发挥骨干作用，努力当好国民经济发展的火车头，同时充分借鉴国内外企业文化理论和实践经验，解放思想、勇于创新，积极探索符合铁路实际、具有铁路特色的文化建设之路。

20 世纪 80 年代初，铁道部认真贯彻党中央关于“调整、改革、整顿、提高”的方针，在全路倡导“严字当头、铁的纪律、团结协作、优质服务”十六字新路风，广泛开展“人民铁路为人民”宣传教育活动，发动职工围绕“假如我是一名旅客、货主”“假如旅客是我的亲人”“假如运的货物是我自己的”进行大讨论，树立“文明列车”“文明货场”新标杆，形成“尊客爱货”新风尚。同时，组织职工开展安全大清理、大讨论、大检查，授予沈阳铁路局小东站“安全生产三十五年”光荣匾，大力宣传安全典型，营造了齐心协力保安全的文化氛围。

1983 年，党中央发出“做 80 年代新雷锋”的口号，全国铁路迅速掀起精神文明建设热潮，组织开展了创建“三优文明路”活动，即在一条铁路线上，相关单位联合实现优质服务、优良秩序、优美环境。1984 年 10 月，铁道部召开社会主义精神文明建设先进集体、先进职工表彰大会，上海东站等 216 个集体和郑州铁路局长葛站乘务员薛金钟等 250 人分别被授予先进称号。到 1985 年，全国铁路有 14 个客运站被铁道部命名为“文明车站”，16 对旅客列车被命名为“红旗列车”，71 个车站、68 对旅客列车被省、自治区、直辖市命名为“文明车站”“文明列车”，“人民铁路为人民”的宗旨意识深入人心。

1991 年，《中华人民共和国铁路法》颁布实施，当年 4 月铁道部在全国铁路深入开展“铁路法宣传月活动”，使广大干部职工的法律意识显著增强。

1991 年 9 月，针对部分偏远站区职工文化生活和物质条件比较落后的实际情况，铁道部在干武线和兰新线召开全路文化线建设工作会议，要求各单位充分认识文化线在铁路两个文明建设中的重要地位和作用，三年建成全路文化线，电视普及率基本达到 100%。会议结束后，各单位把文化线建设纳入工作日程，结合实际加强探索和实践。

在改革开放的大潮中，人民群众对铁路工作的期盼越来越高，铁路职业道德建设随之被提上重要日程。1995年，铁道部印发《人民铁路职业道德基本规范》，明确指出“人民铁路为人民”是铁路职业道德的基本原则，要以“让人民放心，让人民满意”为目标，用“人民铁路为人民”来规范铁路人的一言一行，使“人民铁路为人民”的优良传统在改革开放的新形势下得到新的传扬。

1997年，党的十五大提出国有企业三年脱困目标。铁道部认真学习贯彻党中央精神，在全国铁路掀起了一场思想大解放教育活动，重点强调在思想观念上实现“七破七立”，并针对一直通过铁路发运的富锦市拖拉机厂制造的小四轮拖拉机货源流失现象，在全国铁路职工中开展“富小拖”现象大讨论，《人民铁道》报推出系列报道和评论，使干部职工的思想受到很大触动，推动形成铁路客货服务营销新局面。1999年春运，铁路客运量比上年同期增长14.2%，创历史新高，客货运输收入比上年同期增长18%，达到历史最高水平，《人民日报》盛赞“富小拖”现象大讨论使铁路人彻底改变计划经济观念和粗放经营模式。

进入21世纪，铁道部紧跟时代发展要求和铁路发展形势，加强顶层指导和推动，使铁路文化建设进入一个全新的发展阶段。2001年5月，在全国铁路开展了“树立新理念，提供新服务，塑造新形象”的“三新”教育活动。2002年6月，组织以铁路思想政治工作干部为主的中国铁路企业文化考察团，赴美国进行了为期14天的企业文化建设考察，学习借鉴美国优秀企业文化建设经验。2002年8月，铁道部在兰州铁路局银川分局承办了全国企业文化建设研讨会，推广了银川分局文化建设特色做法；10月，全国铁路服务文化建设研讨会在沈阳局大连分局召开，总结了铁路服务文化建设的新气象和新经验，并指出建设铁路服务文化要坚持与时俱进、开拓创新，坚持围绕中心、以人为本，坚持尊重职工，形成党政工团齐抓共管的工作合力。按照会议要求，各单位纷纷开展了各具特色的创建活动，推动服务文化建设蓬勃开展。

2005 年 9 月，铁道部在包头召开全国铁路安全文化建设座谈会，指出要在加强安全理念、安全行为、安全制度、安全环境上下功夫，塑造具有铁路特色的安全文化。此后的几年，全国铁路着力构建涵盖理念、制度、行为、物质四个层面和安全、服务、经营等子文化的工作体系，为推动铁路改革发展提供了有力的文化条件。

2011 年，铁道部发出在全国铁路客运窗口广泛开展“服务旅客创先争优”活动的通知，号召干部职工认真践行“人民铁路为人民”宗旨，自觉把“人民群众满意”的评价标准落实到服务旅客工作全过程，不断优化服务环境，改进服务态度，提高服务质量，更好地适应人民群众对铁路工作的新期待，提高人民群众对铁路工作的满意度，进一步丰富、发展了铁路文化内涵。

党的十七届六中全会作出了关于深化文化体制改革、推动社会主义文化大发展大繁荣若干重大问题的决定。铁道部结合实际出台《关于贯彻落实党的十七届六中全会精神加强铁路文化建设的实施意见》，明确了铁路文化建设的重要意义、总体思路和奋斗目标，提出了加强社会主义核心价值观体系教育、以安全文化服务文化为重点构建具有行业特色的铁路文化、发展文化事业和文化产业、创作生产更多更好的文化产品等工作要求，为铁路科学发展提供坚强的思想保证、强大的精神动力、有力的舆论支持和良好的文化条件。

伴随着改革开放的大潮，铁路建设发展进入了黄金机遇期，从 20 世纪 80 年代组织“南攻衡广、北战大秦、中取华东”三个铁路建设重点战役，到 90 年代组织“强攻京九、兰新，速战宝中，再取华东、西南”铁路建设大会战，再到掀起世纪之交铁路建设高潮，横贯东西、沟通南北的铁路干线陆续建成。这一时期，先后孕育形成了“战山斗水、坚守奉献、创新争先”的成昆精神、“艰苦奋斗、无私奉献、务实创新”的巴山精神、“敬业爱岗甘当螺丝钉，无私奉献甘当践行者，温暖社会甘当一团火”的“158”精神、“负重争先、勇于超越”的大秦重载精神、“挑战极限、勇创一流”的青藏铁路精神，激励着一代代铁路人不断书写春天的故事。

改革开放时期的铁路文化集中体现在解放思想、开拓创新的生动实践，体现在“人民铁路为人民”宗旨意识深入人心，体现在积极有为的文化建设顶层设计和推动。在春潮涌动的时代背景下，铁路人锐意改革、革故鼎新，思想观念、道德修养和精神文明实现了新的提升，推动铁路建设发展取得重大进步。

（四）中国特色社会主义新时代的铁路文化

党的十八大以来，中国特色社会主义进入了新时代。铁路以习近平新时代中国特色社会主义为指导，正本清源、守正创新，开启了文化建设新篇章。

2012 年，铁道部决定用两年时间在全国铁路干部职工中广泛开展新时期铁路精神征集提炼活动，此后经过层层征集、专家研讨、凝练升华，正式提出了“安全优质、兴路强国”的新时期铁路精神。

2013 年，铁路实行体制改革，中国铁路总公司成立，铁路的市场主体地位确立。围绕统一思想、凝心聚力，聚焦增强服务意识、市场意识、效率意识，全国铁路坚持每年确定一个主题，开展主题宣传教育活动，先后组织了“走向市场大讨论”“安全风险意识大家谈”“转观念、闯市场、增效益”主题教育和“节支降耗作贡献、改革创新立新功”“奋进新征程、喜迎二十大”“勇当‘火车头’、先行作贡献”等系列主题宣讲，推动广大干部职工实现了思想大转变、作风大改进。

为了进一步适应新形势、新要求，提升文化软实力，铁路总公司坚持每年突出一个工作领域，对铁路企业文化建设作出重点部署，广泛推进安全、服务、经营文化建设。2014 年 10 月，在沈阳召开铁路安全文化建设现场会暨“安全风险管理大家谈”活动动员会，强调抓好安全理念文化、管理文化、行为文化和环境文化建设，不断开创安全文化建设新局面。2015 年 12 月，在上海召开铁路服务文化建设现场会，强调加强服务理念文化、技能文化、设施文化、品牌文化建设，为提升铁路客货服务质量提供有力保证。2016 年 11 月，在合肥召开铁路经营文化建设现场会，强调坚持在经营理念、营销宣传、经营品牌、创效能力上下功夫，为提高铁路企业经营效益提供文化力量。

2017 年，铁路总公司提出“强基达标、提质增效”工作主题，按照抓基础、强基本、重基层的总体要求，研究出台《铁路企业文化建设三年基础工程实施方案》，要求通过三年时间重点抓好阵地建设、典型引领、精神培育，深化安全、服务、经营文化建设，传承铁路优秀传统文化，培育发展高铁文化、重载文化、车间班组家园文化，促进企业文化建设基础不断夯实。各单位扎实推进铁路企业文化建设三年基础工程落地落实，培育形成了一大批鲜活经验，先后在昆明、二连浩特等地组织了车间班组家园文化经验交流座谈会，在北京召开了铁路企业文化建设经验交流会，湖东车辆段安全文化、昆明客运段“金花”服务品牌、济南站“高铁儒行”服务品牌、二连站口岸服务文化、芜湖车务段家园文化等一批优秀案例得到推广。

党的十九大对坚定文化自信、建设社会主义文化强国作出全面部署和战略规划；党的二十大强调推进文化自信自强，铸就社会主义文化新辉煌，铁路勇担举旗帜、聚民心、育新人、兴文化、展形象使命任务，积极推动铁路企业文化迈上新台阶。

强化理论武装，坚持把学习贯彻习近平新时代中国特色社会主义思想作为首要政治任务，国铁集团党组示范引领各级领导班子认真落实“第一议题”制度和中心组学习制度，及时跟进学习习近平总书记最新重要讲话精神和对铁路工作的重要指示批示精神，同时深化职工政治学习，广泛开展“理论微课365”学习活动，组织铁路理论骨干创作理论微课、开展理论宣讲，推动党的创新理论进车间、进班组、进头脑。

加强和改进职工思想政治工作，坚持开展职工思想动态分析，精准掌握职工的操心事、烦心事、揪心事，始终做到解决思想问题与解决实际问题相结合，并注重做好“一人一事”思想政治工作，广泛开展思想政治工作示范点创建，持续加强形势任务教育，不断凝聚人心、鼓舞斗志。

着眼于更好地围绕中心、服务大局，以点带面推动铁路企业文化建设热在基层、热在群众，组织开展安全文化、服务文化建设示范点创建，围绕政治引领优、理念优、制度优、行为优、环境优、品牌优、业绩优等7方面创建标准，在各个系统培育了60个示范点，起到良好的示范带动作用。

积极顺应职工群众日益增长的文化需求和人民群众的美好需要，精心打造“铁路老物件会说话”专题宣传、“书香铁路·我喜爱的好书”读书活动、“最美铁路人”评选发布仪式、“坐着高铁看中国”主题宣传活动、“发现最美铁路”网络宣传、“铁路好新闻”优秀作品发布活动、铁路正能量“五个一百”优秀网络作品（平台）发布活动等宣传思想文化工作品牌，在全社会传播了铁路企业文化、展示了铁路发展成就。

大力弘扬铁路优秀传统文化，做好铁路文物实物保护管理利用，开发铁路文物实物管理信息系统，开展铁路文物实物普查，管好用好铁路各类文博场馆，建成“网上铁博”展陈矩阵，依托“铁路老物件会说话”专题宣传，组织创作形式多样的新媒体产品，推动铁路老物件充分“活起来，火起来”。

深化铁路精神文明建设，全面落实《新时代公民道德建设实施纲要》《新时代爱国主义教育实施纲要》，大力培育和弘扬社会主义核心价值观，坚持每年开展文明单位复查，出台《铁路爱国主义教育基地管理办法》，积极创建铁路爱国主义教育基地，广泛挖掘推荐各级各类道德模范、最美人物，常态化开展学雷锋活动，深入推进“扫黄打非”专项行动，努力营造健康向上的站车文化环境，充分发挥铁路在社会主义文明建设中的窗口作用。

贯彻党中央部署要求，全面深化宣传领域改革，印发《关于深化铁路宣传领域改革的指导意见》，整合铁路媒体资源，优化《人民铁道》报业有限公司生产传播机制，在各铁路局集团公司组建融媒体中心，在各站段成立融媒体工作室，构建形成“1+18+N”融媒矩阵；完善议事协调机构，组织铁路宣传部门、各级文化单位、业务部门建立资源共享、协调联动等工作机制，努力构建大宣传、大文化工作格局。

新时代的铁路文化集中体现在牢牢坚持以习近平新时代中国特色社会主义思想为指导，坚持以社会主义核心价值观为统领，勇担举旗帜、聚民心、育新人、兴文化、展形象使命任务，紧密围绕铁路中心工作，全面加强顶层设计，构建形成四梁八柱，积极推动铁路优秀传统文化创造性转化、创新性发展，深入推进铁路重要工作领域和重点发展领域企业文化建设，大力开展精神文明创建，精心打造系列文化品牌，铁路文化软实力不断增强，为推动铁路高质量发展提供了坚强的思想保证、丰厚的文化滋养、良好的舆论环境和强大的精神力量。

回顾历史，伴随着伟大祖国的前进脚步，铁路文化从萌芽到兴起，从传承发展到繁荣兴盛，始终与铁路改革发展同频共振、同向发力，引导激励广大铁路干部职工传承红色基因，坚定文化自信，展示铁路作为，凝聚了铁路改革发展的正能量。展望未来，中国铁路将始终坚持中国特色社会主义文化发展道路，坚守国家铁路战略定位，弘扬伟大建党精神，践行“人民铁路为人民”根本宗旨，繁荣发展铁路企业文化，为推动铁路高质量发展、率先实现铁路现代化、勇当服务和支撑中国式现代化建设的“火车头”提供强有力的思想保证和文化支撑。

延伸阅读

中国铁路大事记
（摘 要）

1. 1876年7月3日，吴淞铁路上海至江湾段正式通车运营，这是中国大地上出现的第一条营业性铁路。

2. 1909年10月2日，京张铁路通车典礼在南口隆重举行。这条由詹天佑主持修建的铁路，是中国人自主设计建造的第一条铁路。

3. 1921年5月5日，长辛店工人俱乐部在北京共产主义小组的帮助下正式成立。《共产党》月刊称它是“北方劳动届的一颗明星”。

4. 1923年2月4日至9日，在中国共产党的领导下，京汉铁路工人2万余人举行总罢工，成为工人运动第一次高潮的顶点。

5. 1946年10月30日，“毛泽东号”机车命名。

6. 1949年10月1日，中央人民政府铁道部成立。

7. 1952年7月1日，成渝铁路建成通车，成为新中国成立后完全采用国产材料自行修建的第一条干线铁路。

8. 1957 年 10 月 15 日，武汉长江大桥举行通车典礼，成为中国在长江上修建的第一座铁路、公路两用桥梁。

9. 1958 年 6 月宝成铁路开始电气化改造，1975 年 7 月全线完成，成为中国第一条全线电气化铁路。

10. 1959 年 9 月 15 日，新建北京站建成。北京站是为庆祝中华人民共和国成立 10 周年而建设的北京十大建筑之一。毛泽东主席题写了站名。

11. 1967 年 9 月 5 日，中国政府和坦桑尼亚、赞比亚两国政府在北京签订关于修建坦桑尼亚至赞比亚铁路的协定；1976 年 7 月 14 日，坦赞铁路竣工，交接仪式在赞比亚举行。

12. 1968 年 12 月 29 日，南京长江大桥全面建成通车，成为当时中国自行建造的最大的铁路、公路两用桥。

13. 1975 年 3 月 5 日，中共中央发出《关于加强铁路工作的决定》，把铁路作为开展全面整顿的突破口。

14. 1986 年 3 月 31 日，国务院批准铁道部实行经济承包责任制方案。

15. 1989 年 8 月 15 日，国务院颁布《铁路运输安全保护条例》。这是中国交通运输行业第一部完整、独立的安全管理法规。

16. 1992 年 12 月 21 日，中国第一条重载铁路大秦铁路全线贯通。

17. 1996 年 9 月 1 日，中国一次建成里程最长的铁路京九铁路全线开通运营。

18. 1997 年 4 月 1 日，全国铁路实施第一次大面积提速。至 2007 年 4 月 18 日，全国铁路共实施六次大面积提速。

19. 2001 年 6 月 29 日，青藏铁路开工典礼在青海格尔木和西藏拉萨同时举行；2006 年 7 月 1 日，青藏铁路全线建成通车。

20. 2004年1月7日，国务院审议通过《中长期铁路网规划》。这是中国编制的第一个中长期铁路网规划。

21. 2005年3月18日起，铁道部实施铁路局直接管理站段体制改革。

22. 2008年8月1日，中国第一条具有完全自主知识产权、时速350公里的高速铁路京津城际铁路通车运营。

23. 2010年1月30日，中国铁路客户服务中心（www.12306.cn）开通试运行。

24. 2011年6月30日，世界上一次建成里程最长、标准最高的高速铁路京沪高铁开通运营。

25. 2012年1月1日起，全国所有旅客列车实行火车票实名制。

26. 2013年3月14日下午，中国铁路总公司成立。不再保留铁道部。

27. 2016年6月20日，统一品牌中欧班列首达欧洲（波兰）。

28. 2016年12月25日，中老铁路正式开工建设，2021年12月3日开通运营。

29. 2017年6月25日，中国标准动车组被命名为"复兴号"，并于26日投入运行，中国高速动车组技术实现全面自主化。

30. 2017年12月28日，石家庄至济南高铁开通运营，标志着中国"四纵四横"高铁网完美收官。

31. 2018年6月，中国高铁海外"第一单"雅万高铁全面开工建设。

32. 2018年9月23日，广深港高铁香港段正式运营，香港进入全国高铁网。

33. 2019年6月18日，经国务院批准同意，中国铁路总公司改制成立中国国家铁路集团有限公司。

34. 2019年12月30日，京张高铁开通运营。

35. 2020 年 12 月 27 日，京雄城际铁路开通运营。

36. 2021 年 6 月 25 日，西藏首条电气化铁路——拉林铁路开通运营。

37. 2021 年 12 月，川藏铁路雅安至林芝段全线开工建设。

38. 2022 年 6 月 16 日，和田至若羌铁路开通运营，标志着长达 2712 公里的世界首条环沙漠铁路全线贯通。

第二节 新时代铁路企业文化建设的实践成果

新时代，国铁企业始终把“巩固马克思主义在意识形态领域的指导地位、巩固全党全国人民团结奋斗的共同思想基础”作为铁路企业文化建设的根本任务，坚持社会主义先进文化前进方向，坚持以人民为中心的工作导向，坚持培育和践行社会主义核心价值观，坚持创造性转化、创新性发展，坚持围绕中心服务大局，不断增强铁路企业文化软实力，为新时代铁路高质量发展提供了强有力的思想保证和文化支撑。

（一）铁路干部职工共同理想信念不断巩固

坚持把学习贯彻习近平新时代中国特色社会主义思想作为铁路企业文化建设的首要政治任务，深入学习贯彻习近平总书记对铁路工作的重要指示批示精神。突出领导干部示范作用，国铁集团党组中心组带头示范，各级党委中心组自觉从严，通过领读原文学、专家辅导学、研讨交流学、及时跟进学等方式，把握“两个大局”，牢记“国之大者”，有效提升了政治判断力、政治领悟力、政治执行力。组织广大党员和干部职工严格落实政治理论学习制度，充分利用“三会一课”、班组政治学习、“理论微课365”学习活动、学习强国平台等多种途径开展学习交流。加强理论研究和阐释解读，推出《时代的召唤》《前进的目标》《奋斗的号角》《百年奋斗写华章》《精神豪迈耀征程》《矢志不渝向复兴》《铁心向党》等理论述评文章。坚持每年一个主题，常态化开展对象化、分众化形势任务宣讲和群众性文化活动，推动习近平新时代中国特色社会主义思想进基层到一线入人心，引导干部职工深刻领悟“两个确立”的决定性意义，不断增强“四个意识”、坚定“四个自信”、做到“两个维护”。

（二）铁路道德素养和文明程度显著提升

坚持培育和践行社会主义核心价值观，持续开展中国特色社会主义和中国梦宣传教育。坚持把镜头对准一线，持续选树宣传道德模范、“新时代·铁路榜样”、“最美铁路人”等先进典型，涌现

2022年1月16日，《闪亮的名字——2021最美铁路人发布仪式》在CCTV-12播出

出全国道德模范孙奇、徐前凯、杜海宽，时代楷模“158”雷锋服务站，“最美铁路人”单杏花、刘钰峰、景生启、邢云堂、李玉斌、杨卫华、刘晓云、杨勇等一大批重大典型，铁路见贤思齐、向上向善的氛围日益浓厚。深化铁路精神文明建设，学雷锋活动、爱心帮扶、志愿服务等文明实践形成常态，文明单位创建工作成效显著，目前有铁路文明单位194个、全国文明单位119个，铁路文明程度和道德水平不断提升。

（三）铁路红色基因深入传承弘扬

深入开展党史学习教育和“四史”宣传教育，传承铁路红色基因，赓续铁路红色血脉，铁路干部职工始终听党话、永远跟党走的家国情怀更加强烈。积极推动铁路优秀传统文化创造性转化、创新性发展，开展铁路精神研究，推出阐释解读文章，制作《不忘初心，砥砺前行》《人民铁路为人民》专题片，编辑出版《铁路红色基因》《铁路红色故事》图书，2021年在习近平总书记的亲切关怀下，青藏铁路精神纳入首批中国共产党人精神谱系，以“人民铁路为人民”为核心的铁路精神谱系不断丰富完善。发挥中国铁道博物馆龙头作用，建好管好用好铁路各级各类博物馆、纪念馆、陈列馆、局（段）史馆、荣誉室等传统文化教育基地，青藏铁路、

延伸阅读

《铁路红色基因》

《铁路红色故事》

活动视频

“铁路老物件精品说”
巡回展演
——走进三秦铁路

中国铁道博物馆正阳门展馆、“毛泽东号”机车展示室获评新一批全国爱国主义教育示范基地。加大铁路文物实物保护力度，普查登记铁路可移动文物和具有保存价值实物，开发信息系统，实施动态管理，4.6万余件文物实物纳入规范管理。

开展“铁路老物件会说话”专题宣传活动，推出1000余件新媒体产品，组织“庆祝建党100周年　铁路老物件精品说”展演、“穿越百年　砥砺初心”2022年“铁路老物件精品说”巡回展演——走进东北铁路和“铁路老物件精品说”巡回展演——走进三秦铁路，铁路优秀传统文化影响力明显提升。

“穿越百年　砥砺初心”2022年“铁路老物件精品说”巡回展演活动现场

（四）铁路重要工作领域企业文化纵深发展

坚持围绕中心、服务大局，实施铁路企业文化建设三年基础工程，总结推广 160 余个优秀工作法，形成了一批安全服务经营文化品牌，铁路干部职工确保安全、优质服务、节支创效的行为更加自觉。深入学习贯彻习近平总书记关于安全生产的重要论述，牢固树立总体国家安全观和大安全观，集中开展“警钟长鸣、坚守红线”等专项教育反思活动，广泛开展“守底线、补缺陷、除隐患、防风险”安全专项整治行动，“确保高铁和旅客列车安全万无一失”等安全理念更加牢固。紧紧围绕实施客运提质计划、货运增量行动、复兴号品牌战略，培育服务理念、打造服务品牌、提升服务技能、改善服务环境，铁路客货服务品质和服务水平不断提升。结合公司制改革、股份制改造等重点任务，转变经营理念，强化市场意识、竞争意识和效益意识，提质增效、节支降耗的氛围更加浓厚。坚持把车间班组家园文化建设作为推动安全服务经营文化建设的重要载体，结合站段标准化、规范化建设和高铁车间工电供一体化建设，选择重点单位开展车间班组家园文化示范点建设，推出了 200 多个文化品牌、340 余个典型案例，促进铁路企业文化在车间、班组和岗位落地落实。

（五）高铁文化建设成果持续涌现

紧密围绕新时代中国高铁发展成就，全面打造体现大国风范、中国气派的高铁文化，用心用力扮靓国家名片，服务“走出去”战略。持续深化京沪、京广、哈大高铁等安全标准示范线、文化线建设，培育“精品工程、智能京张”文化品牌，组织征集提炼高铁精神，打造“心尚雷锋服务站”“高铁儒行”等一批京沪高铁站车品牌。《打造中国高铁亮丽名片》等理论成果在国内外产生了广泛积极影响；

▲2019 年 12 月 30 日，京张高铁开通运营

歌 曲

中国高铁原创歌曲《追梦飞翔》

《树起中国高铁新标杆》等专题片、《中国高速铁路》等图书，生动展示了新时代高铁新形象；《高铁作证》《中国速度》等一批小说、报告文学、散文、电影、电视剧等文艺作品，艺术化讲述了高铁创新发展故事。面向全社会征集了 140 多首原创高铁歌曲，其中 30 首优秀作品和 12 首重点推广歌曲被广泛传唱。组织“坐着高铁看中国”、发现最美铁路等集中采访报道，设计发行《中国高铁发展成就》纪念邮票、中国高铁普通纪念币、复兴号站台票等高铁文创产品，制作中国高铁发展成就宣传册，中国高铁文化传播力、影响力不断增强。

（六）职工精神文化生活不断丰富

坚持以人民为中心的发展思想，把满足干部职工精神文化需求作为文化建设的出发点和落脚点。尊重职工首创精神，及时总结来自基层、源于职工群众的创新经验，让蕴藏于职工群众中的文化创造力得到充分发挥。深入推动铁路媒体融合发展，优化铁路全媒体平台功能，办好铁路内部报纸、期刊、广播、电视、网络等传媒阵地，为职工群众提供全媒体、综合性的文化服务。统筹加强铁路文艺骨干队伍建设，加强铁路文艺作品创作，推出《雪域天路》《八百里高寒》《中国力量》等一大批"铁字号"文艺精品，举办四届铁路网络正能量"五个一百"优秀作品（平台）征集评选活动，职工精神文化生活更加丰富。积极推动铁路元素纳入"不忘初心、牢记使命"中国共产党历史展览、庆祝中国共产党成立100周年文艺演出和央视春晚等有影响力的国家展览和文艺活动。积极开展文艺演出、书画摄影展、歌咏比赛、体育健身等群众性文化活动，深入打造"书香铁路·我喜爱的好书"读书活动品牌，2022年在中国铁道博物馆东郊馆、太原局集团公司湖东电力机务段举办两季"书香铁路·我喜爱的好书"推介活动，2023年深入服务和参与第二届全民阅读大会，开

2022年第一季"书香铁路·我喜爱的好书"推介活动于6月21日在中国铁道博物馆东郊馆举办

行书香列车，设置书香驿站，在杭州西站举办2023年第一季“书香铁路·我喜爱的好书”推介活动。广泛开展“送文化下基层”“新春送万福”等文化活动，构建起丰富多彩的精神家园。

微视频

2023年4月25日，国铁集团党组宣传部在杭州西站组织举办2023年第一季“书香铁路·我喜爱的好书”推介活动。

（七）铁路大文化格局基本形成

贯彻党中央精神，加强党对文化工作的全面领导，深化铁路宣传领域改革，着力在深化马克思主义宣传教育、提高职工思想教育的针对性和有效性、提升铁路新闻宣传传播力影响力、解决制约舆论引导工作的深层次矛盾和问题、推动铁路媒体融合发展等方面深化改革。建立工作协调机制，宣传部门与工会、共青团以及相关业务部门的协调联动扎实有效，文化线建设、文明单位创建、站车文化市场管理、“扫黄打非”等重点工作态势良好。强化对铁道党校、铁道出版社公司、《人民铁道》报业公司、铁路文工团、铁道博物馆、铁路文联、铁路政研会等宣传思想文化战线相关单位的工作指导。落实意识形态责任制，加强新媒体平台和互联网工作群组监管，规范站车视频和职场视频宣传大屏运维，加强对各类文博场馆管理，落实各类报告会等报备制度，防止因把关不严、管理缺位引发问题。在国铁集团党组示范带动下，各单位党委基本建立起上下贯通、横向联合、齐抓共管的铁路企业文化建设大格局。

第三节 新时代铁路企业文化建设的经验启示

党的十八大以来，铁路各级组织始终把铁路企业文化建设作为推动铁路改革发展的战略性工程，在持续深化、守正创新的过程中收获了一些有益启示。

（一）深入推进铁路企业文化建设，必须始终坚持把加强党的领导摆在首位

坚持和加强党的全面领导，是中国铁路发展取得辉煌成就的根本保证，是铁路企业文化繁荣发展的动力源泉。中国铁路从曾经的蹒跚起步、艰难延伸到今天的铁路密布、高铁飞驰，从曾经的“万国机车博物馆”到如今亮丽的“中国名片”，从列强瓜分路权的“自卑”到中国铁路走出去的“自信”，在百年沧桑巨变中，党的领导始终是我们战胜困难、创造奇迹的定海神针，始终是我们保持坚强战斗力和凝聚力的根本保证。铁路企业文化最本质的特征就是中国共产党的领导。事实证明，没有党的领导，就没有中国铁路事业的辉煌；没有党的领导，就没有今天繁荣兴盛的铁路企业文化。近年来，国铁集团党组认真贯彻落实党中央部署要求，始终把铁路企业文化建设放在铁路工作全局的突出位置，明确责任分工，摆上重要日程，抓紧抓实、抓出成效。各单位党委在文化建设上加强领导、积极作为、开拓创新，坚持把企业文化建设纳入铁路改革发展总体规划，一同研究部署、一同推进落实、一同检查考核，推动企业文化建设蓬勃发展。实践证明，坚持和加强党对文化建设的全面领导，铁路企业文化建设就能保持社会主义先进文化的发展方向，就能汇聚起各方面合力，就能实现文化建设整体水平的全面提升。

（二）深入推进铁路企业文化建设，必须始终坚持以人民为中心的发展思想

坚持以人民为中心的发展思想，是对党的宗旨和铁路优良传统的坚守和传承。职工群众既是文化的创造者，也是文化的受益者。一方面，新中国成立以来，铁路企业文化建设取得的丰硕成果无一不是由职工群众创造的：一条条横亘在祖国大地上的钢铁巨龙，每一米线路上都浸润着铁路干部职工的智慧和汗水；一篇篇印刻在书本上的铁路故事，每一个字符里都映射着铁路干部职工的奋斗和拼搏。另一方面，铁路企业文化建设成果，包括铁路精神的锤炼、铁路文艺作品的创作、铁路文化活动的开展、铁路先进典型的选树等都是为职工群众服务的，都是为了满足职工群众对美好生活的向往。各级组织聚焦职工群众的精神文化需求，着力强化思想政治引领，积极开展丰富多彩的文化活动，及时总结来自基层的鲜活经验，呈现出铸魂育人成效显著、引领凝聚作用凸显、文化品牌不断涌现的良好态势。实践证明，铁路企业文化建设只有紧密围绕职工群众精神文化需求，充分发挥职工群众的主体作用，坚持精准供给，坚持共建共享，才能实现教育人、凝聚人、塑造人的目的。

（三）深入推进铁路企业文化建设，必须始终坚持围绕中心、服务大局

只有围绕中心服务大局，铁路企业文化建设才能更富生命力，才能更好地发挥优势展示作为。无论是烽火硝烟的革命年代，还是激情飞扬的社会主义建设年代，抑或日新月异的改革开放时期，文化始终紧扣时代脉搏、紧随时代主题。大革命时期铸就的“二七”精神、新中国成立后锻造的成昆精神、新世纪培育的青藏铁路精神等宝贵精

神，不断丰富着以“人民铁路为人民”为核心的铁路精神谱系，为铁路事业注入了强大力量。进入新时代，各级组织坚持把铁路企业文化建设的重心放在安全、服务、经营等铁路重要工作领域，放在高速铁路、重载铁路、川藏铁路等铁路重点发展领域，放在车间班组基层阵地，充分运用文化的力量引领思想、规范行为、激发干劲，形成了在铁路改革发展主战场上建功立业、创先争优的浓厚氛围，有力推动了铁路高质量发展。实践证明，铁路企业文化建设只有因铁路大势而谋、应铁路大势而动、顺铁路大势而为，才能更好地彰显铁路企业文化的功能和作用。

（四）深入推进铁路企业文化建设，必须始终坚持传承弘扬铁路优秀传统文化

不忘本来，才能开辟未来。百年来，在党的领导下，中国铁路听从党的召唤、服从党的指挥，锻造了“始终听党话、永远跟党走”的红色基因，形成了以“人民铁路为人民”为核心的铁路精神谱系，流传着许许多多耳熟能详的铁路故事，留下了遍布全国各地的众多铁路文物，积淀了特色鲜明的铁路优秀传统文化。这些宝贵的文化财富，见证了中国铁路艰苦奋斗创新超越的发展历程，诠释了铁路职工报效国家服务人民的赤胆忠心，在不断充实丰富铁路企业文化底蕴的同时，也为新时代铁路企业文化建设提供了丰厚滋养和原生动力。实践证明，只有积极探索运用当代的思想、当代的技术、当代的表达方式，深入挖掘铁路优秀传统文化的丰富内涵，推动铁路优秀传统文化创造性转化、创新性发展，不断深化爱党爱国爱路教育，才能更好地教育引导职工铭记历史、不忘初心，凝聚奋进新征程、建功新时代的磅礴伟力。

2022 年 12 月 26 日，新成昆铁路全线通车运营

（五）深入推进铁路企业文化建设，必须始终坚持守正创新

创新创造是文化的本质特征，也是文化建设持续发展的不竭动力。伴随着铁路改革发展的步伐，铁路企业文化建设始终坚持广纳时代新风，融入时代主旋律，不断充盈自身的时代特色，在不同历史时期形成一批批展现时代精神的铁路文化“代言人”和铁路优秀文化成果。同时，广泛运用新技术、新手段，丰富表达方式，不断增强吸引力和感染力，受到社会各界的欢迎和好评。实践证明，在时代发展一日千里、“两个大局”相互交织的大背景下，在职工思想多元多样、舆论传播格局深刻变化的新形势下，铁路企业文化建设只有坚持守正创新、革故鼎新，不断推进理念创新、手段创新、基层工作创新，才能永葆生机和活力，才能为铁路高质量发展源源不断地提供坚强精神动力和深厚文化支撑，才能为社会主义先进文化增光添彩。

第二章 新时代铁路企业文化建设的框架体系

铁路企业文化是内涵深刻、内容丰富的有机统一整体，建设过程中必须准确把握目标要求、系统架构、工作重点、逻辑关系，做到主动对标、精准谋划、积极推进，以高质量的铁路企业文化推动铁路企业高质量发展。

第一节 新时代铁路企业文化建设面临的形势

新时代新征程，党的二十大擘画了全面建设社会主义现代化国家，全面推进中华民族伟大复兴的宏伟蓝图。国铁企业作为强国建设、民族复兴的重要力量，提出了推动铁路高质量发展、率先实现铁路现代化、勇当服务和支撑中国式现代化建设的“火车头”的目标任务，铁路企业文化建设面临着新形势新要求。

（一）深入学习贯彻习近平总书记关于文化建设的重要论述，对铁路企业文化建设提出新要求

党的十八大以来，以习近平同志为核心的党中央作出了建设社会主义文化强国的战略部署。党的十九大报告提出，没有高度的文化自信，没有文化的繁荣兴盛，就没有中华民族伟大复兴。党的十九届六中全会指出，要建设社会主义文化强国，激发全民族文化创新创造活力，更好构筑中国精神、中国价值、中国力量，巩固全党全国各族人民团结奋斗的共同思想基础。党的二十大报告强调，推进文化自信自强，铸就社会主义文化新辉煌，并对建设具有强大凝聚力和引领力的社会主义意识形态、广泛践行社会主义核心价值观、提高全社会文明程度、繁荣发展文化事业和文化产业、增强中华文明传播力影响力等

作出重要部署。在文化传承发展座谈会上习近平总书记强调："在新的起点上继续推动文化繁荣、建设文化强国、建设中华民族现代文明，是我们在新时代新的文化使命。要坚定文化自信、担当使命、奋发有为，共同努力创造属于我们这个时代的新文化，建设中华民族现代文明。"同时，党中央出台一系列重要文件，对文化建设作出全面安排，提出明确要求，形成了全面系统、科学完整的工作体系和工作框架。落实党中央部署，要求我们必须增强政治自觉，从建设社会主义文化强国的政治高度，充分认识加强铁路企业文化建设的重要性和紧迫性，坚持中国特色社会主义文化发展道路，大力培育新时代铁路文化，繁荣发展铁路文化事业，自觉承担起国家铁路新的文化使命，引导干部职工进一步增强文化自信，夯实共同奋斗的思想基础，为建设繁荣发展社会主义先进文化作出新贡献。

（二）推动铁路高质量发展，率先实现铁路现代化，勇当服务和支撑中国式现代化建设的"火车头"，对铁路企业文化建设提出新要求

党的二十大发出了向实现第二个百年奋斗目标迈进的进军号令，明确了全面建设社会主义现代化国家、以中国式现代化全面推进中华民族伟大复兴的战略安排和目标任务，确定了高质量发展是全面建设社会主义现代化国家的首要任务。铁路作为国家战略性、先导性、关键性重大基础设施，作为国民经济大动脉、重大民生工程和综合交通运输体系骨干，在建设交通强国、实现中国式现代化中肩负着重要使命和责任。习近平总书记对铁路工作高度重视、极为关心，多次作出重要指示批示，为做好铁路各项工作、推动铁路高质量发展提供了根本遵循。2023 年国铁集团工作会议明确提出构建现代化铁路基础设施体系、现代化铁路运输服务体系、现代化铁路科技创新体系、现代

化铁路安全保障体系、现代化铁路经营管理体系、现代化铁路治理体系等“六个现代化体系”，推动铁路高质量发展，率先实现铁路现代化，勇当服务和支撑中国式现代化建设的“火车头”。落实好这一使命任务，要求我们必须从铁路改革发展大局出发，建设与世界一流现代化企业相适应的企业文化体系，构建符合时代要求、有力服务铁路安全稳定和改革发展实践的铁路价值体系，完善体现企业核心价值的政策制度体系，打造适应铁路高质量发展要求的共同行为规范，推动铁路企业治理体系和治理能力现代化水平不断提升。

（三）不断满足干部职工对精神文化生活的美好向往，对铁路企业文化建设提出新要求

经过 100 多年的艰辛探索，特别是党的十八大以来的开拓创新，铁路文化软实力不断增强，推动铁路干部职工的凝聚力战斗力不断提升，铁路的社会形象、国际形象不断提升。但是，与社会各界对铁路改革发展的期待相比，与广大干部职工日益增长的文化需求相比，铁路企业文化建设还存在思想引领不够、文化铸魂功能不强等问题。同时，随着新媒体技术和传播业态不断发展变化，铁路企业文化在承载形式、表达方式、表现手法上仍有差距，在立体化、对象化、分众化传播上仍需加强。面对这些新情况新问题，我们必须坚持目标导向和问题导向，以自我革命的精神，检视差距不足，整改突出问题，不断解放和发展文化生产力、激发文化创新创造活力，推出更多高品质多样化的文化产品和文化服务，推动铁路企业文化建设与时俱进、创新发展，进一步满足社会公众的美好出行新期盼和广大干部职工的精神文化生活新需求。

第二节 新时代铁路企业文化建设的指导思想和原则目标

（一）新时代铁路企业文化建设的指导思想

以习近平新时代中国特色社会主义思想为指导，深入学习贯彻党的二十大精神，深入落实习近平总书记关于文化工作的重要论述，深入贯彻习近平总书记对铁路工作的重要指示批示精神，坚持中国特色社会主义文化发展道路，认真落实举旗帜、聚民心、育新人、兴文化、展形象的使命任务，坚持以社会主义核心价值观引领铁路企业文化建设，坚持传承中华优秀传统文化、弘扬革命文化、发展社会主义先进文化，推动文化自信自强；积极探索新时代铁路企业文化建设规律，不断完善推动文化建设提质升级的工作举措，持续激发职工群众的文化创新创造活力，大力繁荣铁路文化事业和文化产业，推出更多更具影响力、代表性、传播力的铁路文化产品，切实增强铁路企业文化软实力，为勇当服务和支撑中国式现代化建设的“火车头”提供强大精神力量和深厚文化支撑。

（二）新时代铁路企业文化建设遵循的基本原则

（1）坚持党的全面领导。把党的全面领导落实到铁路企业文化建设的各方面全过程，高举中国特色社会主义伟大旗帜，巩固马克思主义在意识形态领域的指导地位、巩固全党全国人民团结奋斗的共同思想基础，为建设符合社会主义先进文化和时代要求的铁路企业文化提供根本保证。

（2）坚持以人民为中心。坚持人民至上，紧密围绕人民群众对铁路的新期待新要求，优化铁路文化环境，促进客货服务品质升级，为旅客、货主提供更高品质的文化体验；尊重职工主体地位，聚焦干部职工日益增长的文化需求，把宣传、教育、引导和服务结合起来，鼓励干部职工参与文化创新创造，增强奋进新时代的精神力量。

（3）坚持围绕中心、服务大局。健全完善企业文化建设工作机制，建设先进的铁路企业价值体系，充分发挥企业文化的导向、约束、凝聚、辐射作用，更好地服务党和国家工作大局，有力服务铁路安全、运输、经营、建设、改革等重点任务。

（4）坚持创造性转化、创新性发展。建设具有强大凝聚力、吸引力、生命力的铁路企业文化，守正创新、推陈出新，继承弘扬铁路优秀传统文化，丰富铁路企业文化的时代内涵，统筹推进理念、制度、行为、物质等各层次文化创新。

（三）新时代铁路企业文化建设的具体主要目标

（1）习近平新时代中国特色社会主义思想深入人心，社会主义核心价值观广泛弘扬，政治文化建设全面加强，铁路干部职工的思想道德素质、科学文化素质和文明程度显著提高，爱党爱国爱路的思想共识不断巩固。

（2）铁路优秀传统文化创造性转化、创新性发展的有形化成果不断显现，以“人民铁路为人民”为核心的铁路精神谱系更加丰富，铁路红色基因进一步赓续传承，铁路干部职工的归属感、自豪感、责任感和使命感明显增强。

（3）铁路文化体系逐步完善，铁路文化文艺更加繁荣，铁路安全、服务、经营等重要工作领域和高铁、重载铁路、川藏铁路等重点发展领域文化建设全面加强，“铁字号”优秀作品不断涌现，铁路故事广泛传播，铁路形象更加鲜亮，铁路软实力进一步提升。

第三节 新时代国铁企业政治文化

旗帜鲜明讲政治是铁路的优良传统，在党的领导下形成了独特的国铁企业政治文化。

（一）国铁企业政治文化的概念

国铁企业政治文化是指国铁企业坚持党的领导，忠于党的事业，在胸怀“国之大者”、坚决拥护“两个确立”、增强“四个意识”、坚定“四个自信”、做到“两个维护”实际行动中形成的讲政治、顾大局、守纪律、勇担当，充分体现党性的文化。其中，国铁企业廉洁文化是国铁企业政治文化的重要组成部分，应在政治文化建设中统筹谋划、一体推进。

（二）国铁企业政治文化的特征

国铁企业政治文化具有政治性、引领性、纪律性等基本特征。

政治性。政治性是国铁企业政治文化的第一属性，集中表现为铁路人旗帜鲜明讲政治，坚决听从党的召唤、服从党的指挥，始终以党的旗帜为旗帜、以党的方向为方向、以党的意志为意志，确保国铁企业始终是党执政兴国的重要支柱和依靠力量。

延伸阅读

习近平总书记在党的十九大上强调：“要发展积极健康的党内政治文化，全面净化党内政治生态，坚决纠正各种不正之风。”党中央多次就加强党内政治文化建设作出安排部署，充分说明加强党内政治文化建设的极端重要性，标志着我们党对管党治党的规律性认识进一步深化。

引领性。国铁企业坚持高举习近平新时代中国特色社会主义思想伟大旗帜，始终把拥护“两个确立”、做到“两个维护”作为最高政治原则，教育引导干部职工不断提高政治判断力、政治领悟力、政治执行力。

纪律性。国铁企业组织纪律严明、作风优良，发挥铁路“高度集中、大联动机、半军事化”和三级管理一贯到底的组织优势，各项工作要求能够迅速传达落实，确保铁路上下令行禁止、步调一致。

（三）国铁企业政治文化建设的主要内容

国铁企业政治文化建设，主要包括加强思想理论建设、严明政治纪律和政治规矩、加强党风廉政建设等方面内容，是各单位、各部门、各级组织都要落实的文化建设任务。

在加强思想理论建设方面，教育引导干部职工认真学习习近平新时代中国特色社会主义思想，坚定理想信念，拥护“两个确立”，做到“两个维护”，传承“始终听党话、永远跟党走”的红色基因，不折不扣地把习近平总书记对铁路工作的重要指示批示精神和党中央决策部署落实到位，勇当服务和支撑中国式现代化建设的“火车头”。

在严明政治纪律和政治规矩方面，常态化学习党章党规党纪，严肃党内政治生活，全方位扎紧制度的“笼子”，教育引导广大党员干

延伸阅读

为深入推进铁路理论武装工作，国铁集团党组对党委（党组）理论学习中心组学习和职工政治理论学习作出制度性安排，并坚持每年对中心组专题学习重点内容和职工政治理论宣传教育重点内容进行专门部署，坚持不懈用党的创新理论武装头脑、指导实践、推动工作。

部始终把政治纪律和政治规矩挺在最前面，知敬畏、讲规矩、守底线，自觉做政治上的明白人、遵规守纪的老实人。

在加强党风廉政建设方面，坚持全面从严治党，坚持严的主基调不动摇，做深做实政治监督，深入落实中央八项规定及其实施细则精神，加强廉洁风险防控，深入推进廉洁文化建设，一体推进不敢腐、不能腐、不想腐，构建风清气正、干事创业的良好政治生态。

第四节 新时代铁路优秀传统文化传承发展

历史是最好的教科书和营养剂，推进新时代铁路企业文化必须坚定不移传承铁路优秀传统文化，不断从中汲取奋勇前进的智慧和力量。

（一）铁路优秀传统文化的概念

铁路优秀传统文化是铁路在100多年发展历程中积淀的精神理念、形成的优良作风、流传的红色故事、留存的文物实物等精神文明和物质文明的总和。

（二）铁路优秀传统文化的特征

铁路优秀传统文化具有革命性、人民性、传承性等基本特征。

革命性。中国铁路在中国半殖民地半封建社会时期蹒跚起步，在争路权、反压迫、谋自立中艰难求索。铁路工人队伍是中国最早的工人阶级队伍之一，在中国共产党成立之后，成为党最可依靠的一支革命力量。铁路优秀传统文化，体现了坚定的革命意志、崇高的革命理想和旺盛的革命斗志。

人民性。在党的领导下，一代代铁路人坚守人民立场、坚持人民至上，时刻牢记“人民铁路为人民”的根本宗旨，不断丰富以“人民铁路为人民”为核心的铁路精神谱系，铁路优秀传统文化中充分彰显了以人民为中心的发展思想。

传承性。铁路优秀传统文化在中国铁路从无到有的历史中形成，在中国铁路从弱到强的发展中不断丰富、广为弘扬。在铁路发展日新月异的当下，“始终听党话、永远跟党走”的红色基因代代传承，“人民铁路为人民”的根本宗旨始终坚持，铁路优秀传统文化不断放射出新的光芒。

（三）传承弘扬铁路优秀传统文化的主要内容

传承弘扬铁路优秀传统文化，主要包括精神弘扬、文物保护、阵地建设、宣传教育等工作内容，是各单位、各部门都要落实的文化建设任务。

在精神弘扬方面，大力弘扬“始终听党话、永远跟党走”的红色基因，进一步总结梳理和宣传阐释以“人民铁路为人民”为核心的铁路精神谱系，使之成为中国铁路最深层次的文化力和竞争力。积极总结梳理本单位发展历史和红色基因，结合实际对职工开展宣传教育。

在文物保护方面，加强铁路文物实物调查保护和运用，抓好重要铁路文物、遗迹遗存、重大铁路工程的保护利用，切实管好用好铁路各类文化遗产，充分发挥以史鉴今、资政育人的作用。

在阵地建设方面，因地制宜建好用好铁路各类博物馆、纪念馆、陈列馆、局（段）史馆、荣誉室等文化教育基地和班组学习园地、宣传栏、活动室、文化墙等基层文化阵地，使之成为弘扬传承铁路优秀传统文化的重要载体。

在宣传教育方面，围绕宣传弘扬铁路优秀传统文化，组织创作“铁字号”文学文艺作品，推出形式多样的媒体产品，开展专题宣传，举办主题展陈活动，推动铁路优秀传统文化创造性转化、创新性发展。

第五节 新时代铁路重要工作领域企业文化

铁路重要工作领域企业文化主要包括铁路安全文化、铁路服务文化、铁路经营文化，以及铁路法治文化、铁路创新文化、铁路网络文化等。

（一）铁路安全文化

（1）铁路安全文化的概念

铁路安全文化是在铁路安全生产实践中培育形成的，以确保铁路大动脉安全畅通、人民群众生命财产安全和干部职工劳动安全为导向，是广大干部职工普遍认同并自觉遵循的安全理念、制度、行为、环境等文化要素的总和。

（2）铁路安全文化的特征

铁路安全文化具有突出以人为本、注重行为引导、坚持严管厚爱等基本特征。

突出以人为本。铁路安全文化强调以人民安全为宗旨，以生命安全为根本，以运输安全为基础，以生产组织、作业行为、技术装备、设备设施安全为保障，努力消除一切物的不安全状态、人的不安全行为，切实做到以人为本、生命至上。

注重行为引导。铁路安全文化注重培养良好的行为规范和作业习惯，把铁路安全生产实践中创造的优秀管理经验、作业方法、工作标

精心检修接触网

处理高山危石

检测动车组受电弓

打磨线路

准等总结提炼出来，纳入规章制度、融入生产过程，努力让标准养成习惯、让习惯符合标准，推动铁路安全生产实现规范管理。

坚持严管厚爱。铁路安全文化突出“严字当头”“铁的纪律”，深化安全双重预防机制，着力构建人防、物防、技防“三位一体”安全保障体系，坚持“守底线、抓重点、控关键、防风险”，强化“盯红线、查隐患、落责任、督整改”，同时倡导严爱相济、以文化人，调动干部职工作业必达标、在岗必尽责的主观能动性，以高水平安全保障铁路高质量发展。

（3）建设铁路安全文化的主要内容

铁路安全文化建设，主要包括理念、制度、行为、环境四个层面内容，是铁路运输生产单位和部门以及涉及铁路安全工作的其他单位的文化建设重点任务。

在理念层面，深入学习贯彻习近平总书记"总体国家安全观""统筹发展和安全""人民至上、生命至上""安全责任重于泰山"等重要论述，深入阐释解读"安全是铁路的政治红线和职业底线""确保高铁和旅客列车安全万无一失"等工作理念，积极培育践行符合现场生产实际的安全理念。

在制度层面，推动安全理念入制，不断完善安全管理制度，健全全员安全生产责任制，优化安全双重预防机制，推动风险管控和隐患排查治理责任纳入岗位安全职责；健全覆盖各层面、各岗位的作业标准，优化完善考核激励机制；健全铁路外部环境安全治理长效机制，实现管理有规范、作业有标准、应急有预案、行为有准则。

在行为层面，坚持开展安全形势任务、安全法律法规、案例警示宣传教育，引导干部职工敬畏生命、敬畏职责、敬畏规章；加强安全教育培训，完善岗位作业指导书、必知必会手册、岗位标准化作业技能教学片等教学资源，开展形式多样的教育培训；积极推进标准化作业岗位练兵，开展技术比武和职业技能竞赛，推动干部职工业务能力不断提升；注重发挥考核评比作用，督促干部职工严格遵章守纪，养成良好作业习惯。

开展安全警示教育

动车组机械师技术比武

在环境层面，因地制宜加强职场文化环境建设，打造整洁有序的生产作业场所，规范展示安全理念、安全标识、安全风险提示等；充分运用报刊、互联网、新媒体平台、职场视频宣传大屏等阵地进行安全文化教育引导；深入细致做好安全生产中的职工思想政治工作，不断优化导向安全的人文环境；面向社会广泛宣传铁路法规、安全常识，努力营造利于安全的舆论环境。

（二）铁路服务文化

（1）铁路服务文化的概念

铁路服务文化是铁路在长期服务经济社会发展和人民群众过程中，以满足人民群众日益增长的美好生活需求为导向，以实现人享其行、物畅其流为目标，培育形成的服务价值取向、制度准则、行为习惯、环境氛围等的总和。

（2）铁路服务文化的特征

铁路服务文化具有人民性、传承性、创新性等基本特征。

人民性。国铁企业始终坚持把“人民铁路为人民”作为根本宗旨，把最大限度地满足旅客、货主需求作为各项工作的出发点和落脚点；充分尊重职工的主体地位和首创精神，以文化的力量促进服务质量提升，激发职工做好服务工作的积极性、主动性和创造性。

传承性。国铁企业在长期实践中孕育形成并传承发展了一系列服务工作的宝贵经验和精神财富，不断追求更优更好更快，推动铁路服务水平由量变到质变不断升华，努力实现人享其行、物畅其流。

创新性。国铁企业适应经济社会高质量发展要求，着眼广大旅客、货主的新期待，在服务理念、服务设施、服务方法和服务举措上不断创新，在着力提供多样化、个性化、智能化服务的基础上，让人民群众的体验越来越美好。

（3）建设铁路服务文化的主要内容

铁路服务文化建设，主要包括理念、制度、技能、环境四个层面内容，是直接服务旅客、货主的单位和部门，以及其他铁路窗口单位的文化建设重点任务。

在理念层面，深入学习贯彻习近平总书记“人民对美好生活的向往就是我们的奋斗目标”“要实现好、维护好、发展好最广大人民根本利益”“发展成果由人民共享”等重要论述，深入宣传解读“人民铁路为人民”宗旨，“人享其行、物畅其流，安全优质、人民满意”等工作理念，引导干部职工入脑入心；积极培育践行符合现场工作实际的服务理念，推动干部职工优质服务、创新服务的意识全面强化。

在制度层面，推动服务理念入制，围绕提升服务水平，改善服务体验，积极健全覆盖各层面、各岗位的服务标准和服务流程，打造阳光透明的服务平台；着眼满足不同群体基本服务、普惠服务和多样化、个性化、智能化服务需求，不断创新服务举措、丰富服务内容；积极征求旅客、货主合理化意见建议，开展自评互评、社会监督，不断提升服务满意度。

服务重点旅客

为旅客送餐

在技能层面，加强服务技能、服务标准教育，完善岗位作业指导书，积极开展

服务礼仪演练

岗位实训，不断提升职工标准化、精细化服务水平；大力开展服务新知识、新技能培训和岗位练功比武活动，努力增强温馨服务、人文服务效果；注重发挥考核激励作用，督促干部职工形成规范服务、优质服务的作业习惯。

在环境层面，不断优化客货服务场所布局和服务流线，规范展示服务理念、服务标识，有机融入时代、地域、民族等特色文化元素，营造文明环境，引导文明出行，充分发挥铁路社会主义精神文明建设的窗口作用；配备齐全的服务设备设施，确保状态良好，完善基本公共服务功能，满足便民利民需求；充分运用路内外媒体开展形象宣传和营销宣传，推动社会公众普遍认可；积极依托 12306、95306 等客货服务信息系统，不断提升智能化站车服务、智慧物流服务水平。

（三）铁路经营文化

（1）铁路经营文化的概念

铁路经营文化是铁路在长期生产经营过程中形成的、为广大职工广泛认同和共同遵守的经营价值理念、行为准则、制度体系等的总和。

（2）铁路经营文化的特征

铁路经营文化具有社会效益与经济效益相统一、传承性与创新性相统一、开放性与独特性相统一等基本特征。

社会效益与经济效益相统一。铁路是国民经济大动脉、重大民生工程和综合交通运输体系的骨干，在推进企业化、市场化运作过程中，既要重视社会效益，坚决履行社会责任，又要突出经济效益，坚持以市场为导向，鲜明体现铁路由传统运输生产型企业向现代运输经营型企业转变的特征。

传承性与创新性相统一。国铁企业坚持继承发扬铁路在长期经营实践中形成的工作经验，同时立足新发展阶段，贯彻新发展理念，服务新发展格局，更好地适应不断变化的市场需求，坚持在经营理念、工作方法和管理举措等方面不断创新。

开放性与独特性相统一。国铁企业以开放的视野和心态，顺应时代需求，积极吸纳国内外先进企业的经营理念、经营模式，同时立足铁路高质量发展实践，积极培育具有鲜明铁路特色和行业特点的经营理念和价值追求。

（3）建设铁路经营文化的主要内容

铁路经营文化建设，主要包括经营理念、营销宣传、经营品牌、创效能力四个层面内容，是承担铁路经营开发的非运输企业、从事客货运营销的单位部门等，要重点落实的文化建设任务。

在经营理念层面，深入学习贯彻习近平总书记关于国有企业改革

“一带一路”的钢铁驼队——中欧班列

发展的重要论述，广泛开展经营意识、经营形势任务宣传教育，培育形成特色鲜明、务实管用、广泛认同的经营理念，积极开展理念宣传、主题实践等活动。

在营销宣传层面，丰富营销宣传内容，创新营销宣传手段，借助路内外媒体平台开展形式多样的营销宣传和推介活动，为铁路经营工作营造良好环境。

在经营品牌层面，以经营理念为指导，加强路企、路地合作，打造知名铁路经营品牌，丰富品牌内涵，提升品牌价值，树立品牌形象，不断提升铁路市场影响力。

在创效能力层面，着力加强经营管理人才队伍建设，提升干部职工经营管理水平和经营技能，营造全员参与创效的浓厚氛围，全面增强现代企业经营管理能力和铁路市场竞争力。

（四）铁路法治文化、创新文化和网络文化

（1）铁路法治文化

铁路法治文化是国铁企业深入贯彻落实习近平法治思想，践行全面依法治国基本方略，践行社会主义核心价值观，推进法治国铁建设，在法治观念、法治实施、法治环境等方面形成的以宣传法律知识、弘扬法治精神、推动法治实践、深化依法治企为主要内容的文化。

铁路法治文化建设，主要包括深入学习宣传贯彻习近平法治思想，把社会主义核心价值观融入国铁企业管理规范和依法治企实践，对内统筹利用既有宣传教育阵地，打造一批铁路法治文化阵地，组织群众性法治文化活动，推动法治观念入脑入心，对外讲好法治国铁故事，塑造中国铁路良好法治形象等。

（2）铁路创新文化

铁路创新文化是在铁路改革发展进程中，创造和形成的创新精神财富的总和，包括创新理念、创新制度、创新环境、创新品牌等。

铁路创新文化建设，主要包括大力弘扬创新精神，增强全员创新意识，培育一支实业报国、守正创新的铁路干部职工队伍；完善创新制度，将创新要求融入制度建设，形成有利于创新创造的体制机制和鼓励创新的人文环境；全面提升铁路科技实力和创新能力，加快推动铁路高水平科技自立自强，持续深化铁路关键领域应用技术创新，充分发挥铁路科技创新领军企业作用，着力构建现代化铁路科技创新体系。

（3）铁路网络文化

铁路网络文化是铁路企业以网络信息技术为基础，在网络空间形成的文化观念、文化活动、文化产品等的总和。

铁路网络文化建设，主要包括加强铁路网络内容建设，做强做优做大铁路媒体平台，壮大铁路网上正能量；健全完善铁路网络管理

制度办法，严格落实新媒体平台、互联网工作群组等管理制度；广泛开展网络文明宣传、网络文明主题实践和网络文明教育活动，引导干部职工增强网络文明意识，弘扬网络文明风尚；发挥媒体矩阵传播优势，组织开展丰富多彩的网络文化活动，营造有利于铁路高质量发展的网络舆论氛围。

铁路法治文化、创新文化和网络文化，是铁路企业文化建设的重要内容，是各单位、各部门都要落实的文化建设任务。

第六节 新时代铁路重点发展领域企业文化

铁路重点发展领域企业文化主要包括高铁文化、重载铁路文化和川藏铁路文化等。

（一）高铁文化

（1）高铁文化的概念

高铁文化是立足深厚的铁路文化积淀和突出的高铁发展成果，在高铁建设和运营实践中形成的文化形态，是高铁领域思想观念、行为习惯、文化品牌、文化产品等的总和。

（2）高铁文化的特征

高铁文化具有先进性、融合性、标志性、创新性等基本特征。

先进性。中国高铁发展突飞猛进，成功实现了从跟跑到并跑，再到领跑的历史性进步。在这个历史进程中孕育的高铁文化，体现了铁路行业的先进性，对广大铁路干部职工乃至全社会都有着激励和鞭策作用。

融合性。高铁文化体现了中华优秀传统文化和铁路文化的融合，体现了时代性和民族性的融合，体现了科技创新和人文精神的融合，体现了铁路安全文化、服务文化、经营文化的融合。

标志性。中国高铁既是中国制造的重要标志，又是中国精神的重要符号，还是亮丽的国家名片。“复兴号奔驰在祖国广袤的大地上”，品牌美誉度和影响力不断提升，让高铁文化成为被社会各界广泛认可的具有标志性特征的文化。

创新性。从规划设计到运营管理，中国高铁都坚持高起点、高标准、高质量，不断创造“第一”和“之最”，牢牢地将创新主导权、发展主动权掌握在自己手中，不断巩固和提升世界领跑地位。创新成为高铁的鲜明特性，也成为高铁的文化特质。

（3）培育高铁文化的主要内容

培育高铁文化，要积极践行在高铁建设、运营过程中形成的价值观念，凝聚精益求精、创新超越的思想共识；健全完善高铁安全、服

传统文化元素浓厚的“瑞雪迎春”奥运版复兴号智能动车组

务、运营等方面规章制度，为确保高铁安全稳定、服务质量和经营效益提供制度保障；加强教育培训，注重习惯养成，引导干部职工把理念和制度体现到日常工作中；建设导向高铁安全高质量、服务高品质、经营高效益的站车环境、沿线区域环境、生产生活环境；打造涵盖高铁安全、服务、经营、技术等方面成果的品牌集群，加强宣传推广，不断扩大中国高铁的知名度和美誉度。涉及高铁建设运营的相关单位和部门，都要把培育高铁文化作为重点任务。

（二）重载铁路文化

（1）重载铁路文化的概念

重载铁路文化是在重载铁路运营实践过程中培育形成的“负重争先、勇于超越”“承载重托、勇担重任”等精神理念，以及与之相适应的管理制度、行为规范、作业环境等的总和。

（2）重载铁路文化的特征

重载铁路文化具有引领性、时代性、创新性等基本特征。

引领性。重载铁路文化从大秦铁路萌发成形，在瓦日、唐包、浩吉等重载铁路丰富发展，成为铁路重要的文化名片，不仅为提升重载铁路能力水平、确保重载铁路安全高效提供了文化支撑，而且对铁路重载领域干部职工具有重要的激励引领作用。

时代性。重载铁路文化产生于国家经济快速发展的改革开放时期，壮大于新时代高质量发展实践中，充分体现了铁路在不同历史时期服务国家战略、保障能源安全、打赢蓝天保卫战的担当作为，具有鲜明的时代特征。

创新性。重载铁路始终坚持创新发展，形成了“速密重”的最佳匹配模式、“集疏运”的最佳衔接模式、“路港矿”的最佳协作模式、“产运需”的最佳互动模式、“产学研”的最佳联合模式和列车开行上“头身尾”的最佳组合模式，彰显了不断求索、创新创造的精神特质。

（3）培育重载铁路文化的主要内容

培育重载铁路文化，要不断丰富“负重争先、勇于超越”“承载重托、勇担重任”等重载铁路精神理念，组织开展多种形式的宣传解读、主题实践等活动；构建更为严格的人防、物防、技防“三位一体”安全保障体系，进一步促进科学管理、规范管理；坚持严格管理与实践养成并重，推动干部职工把落实岗位职责、作业流程和作业标准内化为行为习惯；注重亲情感召、环境感化，增强干部职工的责任感和使命感，为重载运输安全提供精神动力和文化支撑。重载铁路文化建设重点在涉及重载铁路的单位和部门中开展。

大秦铁路孕育了“负重争先、勇于超越”的大秦重载精神

延伸阅读

川藏铁路是继青藏铁路之后的第二条进藏铁路，其中成都至雅安段已于2018年12月开通运营。

2021年6月25日，在庆祝党的百年华诞和西藏和平解放70周年之际，西藏首条电气化铁路——川藏铁路拉萨至林芝段开通运营，复兴号开上世界屋脊，彻底结束了藏东南地区不通铁路的历史。2021年11月8日，雅安至林芝段开工建设。

（三）川藏铁路文化

（1）川藏铁路文化的概念

川藏铁路文化是在川藏铁路规划、设计、建设、运营过程中形成的价值追求、行为规范、工作环境等的总和。

（2）川藏铁路文化的特征

川藏铁路文化具有政治性、可塑性、民族性、首创性等基本特征。

政治性。川藏铁路是习近平总书记亲自谋划、亲自部署、亲自推动的世纪性战略工程，是实现第二个百年奋斗目标进程中的标志性工程，在规划建设运营过程中积淀形成的川藏铁路文化，充分体现了国铁企业心系“两个大局”、胸怀“国之大者”的政治担当。

可塑性。川藏铁路建设时间长、难度大、任务重，随着工程建设的持续推进，川藏铁路的精神内涵不断丰富，川藏铁路文化的内容、形式、载体不断发展，文化底蕴不断厚植，“迎难而上、敢为人先”的精神高度不断彰显。

民族性。川藏铁路是贯彻落实新时代党的治藏方略的一项重大举措，是通往雪域高原的“新天路”。川藏铁路文化建设过程中，充分借鉴吸收沿线民族的优秀文化，不断传播中华民族共同体意识，促进沿线各民族共同团结进步。

首创性。川藏铁路沿线地形地质复杂、气候条件恶劣，修建难度世所罕见，许多新标准、新技术、新工艺首次运用，为世界高原铁路建设积累了宝贵经验，提供了“川藏方案”，彰显了“迎难而上、敢为人先”的精神特质。

（3）培育川藏铁路文化的主要内容

培育川藏铁路文化，要深入挖掘提炼、不断丰富完善以“迎难而上、敢为人先”为核心的川藏铁路精神；做好各类纪念奠基设施、机构旧址、设计施工图纸等标志性文化资源的保护利用；持续抓好职场文化环境建设，营造浓厚的文化氛围；组织创作一批反映川藏铁路建设历程、诠释川藏铁路精神的文学文艺作品，适时适度宣传川藏铁路建设的重大意义、创新成果和感人事迹，讲好川藏铁路故事。川藏铁路文化建设的主体为参与施工建设的单位和部门，具体应落实到每个建设工地。

复兴号高原内电双源动力集中动车组飞驰在拉林铁路上

第七节 新时代铁路车间班组家园文化

车间班组是铁路企业的细胞，是铁路企业文化落地落实、开花结果的“最后一公里”。

（一）车间班组家园文化的概念

车间班组家园文化是铁路车间班组一线干部职工在生产实践中培育的爱企如家的工作理念，营造的和谐温馨的工作环境，展示的敬业爱岗的工作作风以及创造的亮点纷呈的工作成果。

（二）车间班组家园文化的特征

车间班组家园文化具有以人为本、情感凝聚、共建共享等特征。

以人为本。车间班组家园文化建设以满足一线干部职工的精神文化需求为出发点和落脚点，通过优质文化产品供给、丰富多彩的群众性文化活动、生产生活环境的不断改善，增强职工的获得感和幸福感。

情感凝聚。车间班组是一线干部职工工作生活的家园，依托文化建设，大家在长期团结协作中认知认同、共情共鸣，促进价值观的统一，推动凝聚力的提升，进一步增强职工与企业命运共同体意识。

共建共享。尊重职工的首创精神，积极搭建便于职工参与的文化建设平台，鼓励职工结合实际进行文化创新创造，让职工成为文化建设的主力军和受益者，实现家园人人建、成果人人享。

（三）车间班组家园文化建设的主要内容

车间班组家园文化建设的主要内容，包括积极培育践行爱企如家、共建共享等工作理念，教育引导干部职工把车间、班组当作家一样爱护和经营；加强职场环境建设，让干部职工在和谐温馨的氛围中工作生活，心齐气顺地完成各项任务；着力规范干部职工行为习惯，不断增强团队合力、活力、战斗力；发挥工团组织优势，组织喜闻乐见的文化活动，不断丰富职工精神文化生活。车间班组家园文化建设，应重点在铁路基层单位尤其是一线运输生产单位开展。

职工在工区小菜园享受丰收的快乐

国铁企业政治文化，铁路优秀传统文化，铁路安全文化、服务文化、经营文化、法治文化、创新文化、网络文化，高铁文化、重载铁路文化、川藏铁路文化，以及车间班组家园文化，共同构成了铁路企业文化建设的基本框架体系。其中，国铁企业政治文化是统领，铁路优秀传统文化是根本，其他文化之间各有区别，又普遍联系，在具体推进过程中既需要加以区分，又需要统筹把握。

铁路安全文化、服务文化、经营文化、法治文化、创新文化、网络文化，是依据铁路重要工作领域划分的。高铁文化、重载铁路文化、川藏铁路文化，是在铁路的三个重点发展领域培育的文化。重要工作领域文化建设和重点发展领域文化建设之间，相互关联、相互渗透，又各有侧重。以高铁文化为例。高铁文化是安全文化、服务文化、经营文化、创新文化等的综合体，在不同系统不同单位，创建的重点各不相同。比如，在高铁设备单位，安全文化占主导地位；在高铁站车单位，服务文化占主导地位；在涉及高铁商业经营的单位，经营文化占主导地位；在高铁科研单位，创新文化占主导地位，等等。重载铁路文化和川藏铁路文化建设过程中，也遵循同样的原则和规律。

车间班组家园文化突出家园建设，以建好家园、培育企业和职工命运共同体，促进重要工作领域企业文化和重点发展领域企业文化建设在一线车间班组落地落实为目标。在不同系统、不同单位甚至同一单位的不同车间、班组，车间班组家园文化建设需要根据实际工作，与不同领域的文化建设相结合。比如，设备单位的车间班组，家园文化建设要重点结合安全文化建设；站车服务窗口的车间班组，家园文化建设要重点结合服务文化建设；从事经营开发、客货运营销的车间班组，家园文化建设要重点结合经营文化建设。在此基础上，涉及高速铁路、重载铁路、川藏铁路工作的车间班组，还要重点结合高铁文化、重载铁路文化、川藏铁路文化建设来开展。

第三章 新时代铁路企业文化建设的重点任务

新时代，铁路企业文化建设要高举习近平新时代中国特色社会主义思想伟大旗帜，持续深化安全、服务、经营等铁路重要工作领域企业文化，积极培育高铁、重载铁路、川藏铁路等铁路重点发展领域企业文化，不断丰富职工精神文化生活，大力发展铁路文化事业和文化产业，为勇当服务和支撑中国式现代化建设的“火车头”提供强大的思想保证、精神动力和文化支撑。

第一节 坚持用习近平新时代中国特色社会主义思想凝心铸魂

习近平新时代中国特色社会主义思想是当代中国马克思主义、二十一世纪马克思主义，是中华文化和中国精神的时代精华，是全党全国人民为实现中华民族伟大复兴而奋斗的行动指南，也是新时代文化建设的根本指针和根本统领。推进铁路企业文化建设，必须高举习近平新时代中国特色社会主义思想伟大旗帜，坚定不移用新思想夯基铸魂、凝心聚力。

（一）始终把学习贯彻习近平新时代中国特色社会主义思想作为铁路企业文化建设的首要任务

全面贯彻习近平新时代中国特色社会主义思想，坚持以党的创新理论武装头脑，教育引导干部职工深刻领会蕴含其中的马克思主义基本原理、思想方法、实践要求等，不折不扣地把习近平总书记关于铁路工作的重要指示批示精神落实到位。坚持不懈深化学习宣传，紧紧抓住领导干部这个“关键少数”，强化党委（党组）理论学习中心组学习，严格落实第一议题制度，组织开展列席旁听和督促检查；紧密围绕职工群众这个“绝大多数”，广泛开展对象化、分众化、互动化理论宣传普及，持续深化活化职工政治理论学习；坚持用好铁路理论骨干，组织好习近平新时代中国特色社会主义思想的宣传阐释，以更接地气的内容和形式让党的创新理论“飞入寻常百姓家”。积极构建网上与网下同频共振、优势互补的宣传格局，形成无时不在、无处不有的文化熏陶，让干部职工在浓厚的宣传氛围中学习新思想。实施文化精品战略，集中创作一批传播新思想的“铁字号”优秀文化作品，让干部职工在喜闻乐见的铁路文化作品中读懂新思想。广泛开展文化创建活动，以建设文化景观、举办文化艺术节等形式，将习近平新时代中国特色社会主义思想的丰富内涵、精神实质和实践要求嵌入其中、精彩呈现，让干部职工在丰富多彩的群众性文化活动中体悟新思想，不断增进政治认同、思想认同和情感认同，坚决拥护“两个确立”、增强“四个意识”、坚定“四个自信”、做到“两个维护”。

延伸阅读

为进一步加强国铁集团党组政治建设，更加坚定自觉地拥护“两个确立”、做到“两个维护”，国铁集团建立实施党组会议第一议题制度，把学习贯彻习近平总书记重要讲话、重要文章、重要指示批示精神列为党组会议第一议题，认真抓好学习领会和贯彻落实，不断提高党组班子及成员政治判断力、政治领悟力、政治执行力。

（二）坚持理想信念教育常态化制度化

把理想信念教育贯穿融入各项工作中，引导广大干部职工坚定共产主义远大理想和中国特色社会主义共同理想。积极培育和弘扬国铁企业政治文化，严肃党内政治生活，涵养良好政治生态，教育引导干部职工不断提高政治判断力、政治领悟力、政治执行力，始终把拥护“两个确立”、做到“两个维护”作为最高政治原则，始终做到心怀“国之大者”，不断增强推进铁路事业高质量发展的政治自觉。大力加强国铁企业廉洁文化建设，坚持把廉洁教育纳入各级党组织活动阵地和企业文化建设内容，促进全面从严、崇廉拒腐；坚持把廉洁教育融入党员干部家庭生活，教育引导党员干部注重家庭、家教、家风，修身律己、廉洁齐家；常态化开展案例警示教育，强化党员干部廉洁自律意识，营造风清气正的良好发展环境。深入学习宣传中华优秀传统文化、革命文化和社会主义先进文化，坚定理想信念，传承红色基因。加强党性锤炼，加强对革命领袖和革命先烈事迹的学习宣传，加强对优秀共产党员先进事迹的学习宣传，弘扬党的优良作风和光荣传统，激励广大党员提高政治觉悟、强化政治担当，永葆共产党人的政治本色。深入开展中国特色社会主义和中国梦宣传教育，以开展主题报告会、主题文艺演出、主题观摩活动等多种形式，用党领导人民进行伟大社会革命的成果说话，用改革开放以来社会主义现代化建设的伟大成就说话，用新时代坚持和发展中国特色社会主义的生动实践说话，用中国特色社会主义的制度优势说话，在历史与现实、国际与国内的对比中，引导干部职工深刻认识中国共产党为什么能、中国特色社会主义为什么好，归根到底是马克思主义行，是中国化时代化的马克思主义行，增强做中国人的志气、骨气、底气。弘扬以伟大建党精神为源头的中国共产党人精神谱系，用好红色资源，深化爱国主义、集体主义、社会主义教育，弘扬中国人民在长期奋斗中形成的伟大创造精神、伟大奋斗精神、伟大团结精神、伟大梦想精神，生动展示人民群众在新时代的新实践、新业绩、新作为。

（三）加强国情路情教育

推动党史学习教育常态化、长效化，深入开展国情教育，持续抓好党史、新中国史、改革开放史、社会主义发展史宣传教育，引导干部职工了解我国发展新的历史方位、社会主要矛盾的变化，深刻认识我国仍处于并将长期处于社会主义初级阶段的基本国情没有变，我国是世界上最大发展中国家的国际地位没有变，始终准确把握基本国情，既不落后于时代，也不脱离实际、超越阶段。深入开展形势政策教育，引导干部职工树立正确的历史观、大局观、角色观，了解世界正在经历百年未有之大变局，我国仍处于发展的重要战略机遇期，清醒认识国际国内形势发展变化，坚持以我们正在做的事情为中心，保持战略定力，保持发展信心。深入开展路情教育，突出铁路改革发展重大成就，加强形势任务教育，引导干部职工自觉把个人理想融入中国铁路改革发展的生动实践中，牢固树立正确的世界观、人生观、价值观。

延伸阅读

国铁集团党组
传承红色基因　赓续红色血脉
扎实推进党史学习教育取得实效

国铁集团党组在党史学习教育中，认真学习贯彻习近平总书记有关重要指示精神和党中央决策部署，坚持学史明理、学史增信、学史崇德、学史力行的目标要求，精心组织实施，有力有序推进，教育引导近 200 万干部职工传承红色基因、赓续红色血脉，奋力推动铁路高质量发展，为实现中华民族伟大复兴作出新贡献。

（1）**努力做到真学深悟，确保党史学习教育质量**。深刻把握习近平总书记关于开展党史学习教育突出“六个进一步”的重要论述，着力在党史学习教育重点内容学习上下功夫、见成效。坚持以上率下，围绕读原著、学原文、悟原理，开展4次专题学习研讨、4期专题读书班，按照第一议题制度56次跟进学习习近平总书记重要讲话精神；铁路局集团公司、站段两级党委中心组举办专题读书班7200多次、专题学习研讨7700多次，发挥了中心组学习的领学促学作用。积极开展主题突出、特色鲜明的学习活动，将党史学习教育纳入各类重点班次教学计划，培训处级干部2.8万余名、党支部书记5万余名、党员19.9万名；组织专题党课3.6万余场、展播优质党课275堂；组织开展2.4万场次红色教育活动，参与干部职工达57.9万名，增强了学习的吸引力和实效性。按照中央统一部署，组织58721个党支部全部按期召开专题组织生活会，16814名党员领导人员以普通党员身份参加组织生活；列入整改清单问题217.3万个，即知即改、按期整改，体现了学习成效。

（2）**牢牢把握正确导向，形成鲜明有力的政治引领**。深入学习领会习近平总书记关于树立正确党史观、用好红色资源、传承好红色基因的重要论述，紧密结合铁路实际，强化政治引领，凝聚精神力量。邀请中央宣讲团作专题宣讲报告，组织各单位成立1600多个宣讲团，先后3轮深入一线宣讲4万余场，受众达180万人次。围绕开展“四史”宣传教育，用好铁路红色资源，推动青藏铁路精神纳入中国共产党人精神谱系，推荐青藏铁路、中国铁道博物馆正阳门展馆、“毛泽东号”机车展示室获评全国爱国主义教育示范基地，一批铁路先进典型入选全国“3个100杰出人物”，遴选推荐50个铁路爱国主义教育基地和铁路文博场馆，举办“铁路老物件精品说”展演、党史题材精品剧目巡演，制作《人民铁路为人民》专题片，引领广大干

“毛泽东号”机车组成员联合绣制党旗

部职工传承红色基因、赓续红色血脉。举办“最美铁路人”先进事迹报告会，组织“奋斗百年路、启航新征程”“庆祝建党百年·发现最美铁路”等主题宣传活动，营造了积极向上的良好舆论氛围。

（3）**着力办实事开新局，展现国铁企业新变化新气象。**坚持把学习党史同总结经验、观照现实、推动工作结合起来，同解决实际问题结合起来，聚焦高质量推进铁路重点工程建设、聚焦满足人民群众对美好旅行生活的向往、聚焦建设更高水平的平安铁路、聚焦服务和支撑国家战略、聚焦建设更加紧密的企业与职工命运共同体，深入开展“我为群众办实事”实践活动，扎实推进 21.6 万件实事项目，增强了人民群众的幸福感、获得感、安全感。坚持把“党旗在基层一线高高飘扬”活动贯穿全过程，组织基层党组织和广大党员，在疫情防控、防汛救灾、电煤保供、重点工程建设等大战大考中冲锋在前，充分发挥战斗堡垒作用和先锋模范作用，为实现“十四五”良好开局提供了坚强组织保障。

廉洁文化建设优秀案例

太原局集团公司党委
推进廉洁文化建设　营造崇廉守廉氛围

太原局集团公司党委突出“育廉”“倡廉”“促廉”，深入推进廉洁文化建设，努力营造崇廉守廉的浓厚氛围。

（1）**搭建平台“育廉”**。充分利用山西地域廉洁文化资源，指导帮助基层单位培育廉洁文化场所，用好现有大秦重载教育基地、同蒲铁路陈列馆等爱国主义教育基地，组织经常性的学习观摩、主题党日等活动。开办“太铁清风”微信公众号，增设“清廉太铁”专题网页，及时发布党风廉政建设最新工作要求和品读文章，全面展示各单位在清廉太铁建设中的亮点做法和最新成果。将廉洁文化根植到家庭、家教、家风建设中，开展廉洁家风传承活动，从传承家训家规中汲取营养；征集廉洁家风文化作品，引导干部职工全家共话廉洁故事，用文化点亮家园“廉洁灯”。

（2）**分层施教“倡廉”**。实施选拔任用领导人员集体廉政谈话、任前廉政考试制度，签订《廉政承诺书》，赠送廉洁教育案例读本，引导领导人员扣好廉洁从业“第一粒扣子”。把纪律教育纳入党员教育和干部培训计划，深入党干校、基层单位向关键岗位人员进行专题辅导，促使其依规用权、廉洁从业；紧盯各领域青年骨干，每期主体班次必讲廉政内容、必有案例教育。在《太原铁道报》开设《全面建设清廉太铁　涵养良好政治生态》专栏，组织各部门、各单位撰写评论文章，在全局营造鲜明舆论导向。

太原局集团公司干部职工参观廉洁文化长廊

（3）**做实监督“促廉”**。聚焦“关键少数”，建立对“一把手”和领导班子的监督清单，丰富完善电子廉政档案，严格落实廉政谈话制度，重点约谈单位和部门“一把手”，防范化解系统性、典型性问题苗头。紧盯风险防控，制定年度重点领域廉洁风险防控实施方案，组织机关部门党风廉政建设专题联商会，修订完善廉洁风险防控制度办法，把廉洁风险防控内嵌到业务工作全过程各环节。拓宽监督阵地，开展对中央八项规定及其实施细则精神贯彻落实情况的监督检查，组织党建工作质量全覆盖检查评比，认真研判党风廉政建设方面存在的问题，重点深入党建薄弱单位进行面对面帮教，督促问题整改，提升工作质量。

第二节 广泛践行社会主义核心价值观

社会主义核心价值观是当代中国精神的集中体现，凝结着全体人民共同的价值追求，深刻回答了我们要建设什么样的国家、建设什么样的社会、培育什么样的公民等重大问题，对于巩固全党全国各族人民团结奋斗的共同思想基础、凝聚实现中华民族伟大复兴的强大正能量，具有重要现实意义和深远历史意义。要坚持把培育和践行社会主义核心价值观作为铸魂工程，贯穿铁路工作各领域，融入铁路企业文化建设全过程，为铁路高质量发展提供源源不断的精神动力和道德滋养。

（一）深化道德建设

深入贯彻落实《新时代公民道德建设实施纲要》，弘扬中华传统美德，全面推进社会公德、职业道德、家庭美德、个人品德建设，持续强化教育引导、实践养成，推动明大德、守公德、严私德，提高干部职工道德水准和文明素养，打造厚德企业。加强社会公德意识教育，弘扬践行以文明礼貌、助人为乐、爱护公物、保护环境、遵纪守法为主要内容的社会公德，鼓励职工在社会上做一个好公民。常态化抓好职业道德建设，坚持把职业道德作为岗前和岗位培训的重要内容，弘扬践行以爱岗敬业、诚实守信、热情服务、奉献社会为主要内容的职业道德，鼓励职工在单位做一个好职工。加强家庭美德建设，注重家庭、注重家教、注重家风，弘扬以尊老爱幼、男女平等、夫妻和睦、勤俭持家、邻里互助为主要内容的家庭美德，推进铁路文明家庭创建，鼓励职工在家庭里做一个好成员，推动形成爱国爱家、相亲相爱、向上向善、共建共享的社会主义家庭文明新风尚。强化个人品德建设，坚持把修身放在首位，不断修身正心，弘扬践行以爱国奉献、明礼遵规、勤劳善良、宽厚正直、自强自律为主要内容的个人品德，努力在日常生活中养成好品行。

延伸阅读

为不断深化铁路职工思想道德建设，进一步提升铁路思想道德先进典型培养的科学性、规范性，国铁集团党组对做好参评全国道德模范基础性、前置性工作进行专门部署，组织各单位广泛挖掘选树助人为乐、见义勇为、诚实守信、敬业奉献、孝老爱亲类先进典型，先后培育了 5 名全国道德模范、100 多名中国好人、省级好人和道德模范。

（二）深化爱国主义教育

深入贯彻落实《新时代爱国主义教育实施纲要》，激发广大干部职工爱党、爱国、爱社会主义的巨大热情，凝聚奋进新时代、实现民族复兴的磅礴伟力。开展经常性的爱国主义教育，结合中华民族从站起来、富起来到强起来的伟大飞跃，在“七一”“八一”“十一”等重要时间节点，以及春节、清明、端午等重要传统节日，广泛组织“同升国旗、同唱国歌”“我和我的祖国”“我们的节日”等系列主题庆祝或纪念活动，引导干部职工深刻认识历史和人民选择中国共产党、选择马克思主义、选择社会主义道路、选择改革开放的历史必然性，深刻认识我们国家和民族从哪里来、到哪里去，深刻认识过去我们为什么能够成功、未来我们怎样才能继续成功。分级命名铁路爱国主义教育基地，抓好日常管理，加强内容建设，创新展陈方式，着力打造主题突出、导向鲜明、内涵丰富的精品陈列，提供更好的参观学习服务，增强干部职工爱党爱国爱路意识。坚持把社会主义核心价值观教育与“人民铁路为人民”宗旨教育、铁路形势任务教育结合起来，引导干部职工牢固树立铁路为经济社会发展服务、为人民群众服务的价值取向，增强立足岗位为铁路高质量发展作贡献的自觉性。

延伸阅读

为进一步建好管好用好铁路爱国主义教育基地，国铁集团出台《铁路爱国主义教育基地管理办法》，指导各单位从规范管理、加强投入、发挥功能等方面，不断提升铁路爱国主义教育基地建设水平和实际成效。目前，全国铁路共有青藏铁路、中国铁道博物馆正阳门馆、“毛泽东号”机车展示室等 6 个全国爱国主义教育示范基地；沈阳铁路陈列馆、上海机务段“周恩来号”机车陈列室、云南铁路博物馆等 25 个铁路爱国主义教育基地。

（三）深化思想政治工作

深入贯彻落实《关于加强和改进新时代基层思想政治工作的实施意见》，建立基层思想政治工作规范，打造基层思想政治工作示范点，推动铁路思想政治工作开创新局面。分层开展职工思想动态分析，拓展职工思想动态信息收集渠道，坚持围绕重大改革措施的推进、关键岗位职工队伍稳定等，做好职工思想动态分析研判，精准把握职工思想脉搏，为科学决策提供依据。认真做好一人一事思想政治工作，在职工发生岗位调整、产生情绪波动、受到考核处分、出现苗头性问题等情况时，及时与职工谈心谈话，针对性做好教育引导工作；在职工伤病住院、婚丧嫁娶，遇到特殊困难、产生家庭矛盾时，及时进行家访，疏导思想、沟通感情，帮助解决后顾之忧；对出现焦虑、恐慌、抑郁、痛苦等心理应激问题和心理障碍的职工，及时提供心理健康援助，培养自尊自信、理性平和、积极向上的良好心态。坚持解决思想问题和解决实际问题相结合，高度关注职工切身利益问题，完善职工健康保障体系，改善职工生产生活条件，做好困难职工帮扶救助工作，努力让职工心无旁骛地投入岗位工作。

延伸阅读

为不断提升基层思想政治工作的针对性、操作性和实效性，国铁集团广泛开展基层思想政治工作示范点创建，围绕政治学习、思想教育、人文关怀、组织保障等4方面内容，制定测评体系，打造示范样板。2020年以来，命名了42个铁路基层思想政治工作示范点。

（四）深化精神文明创建

立足铁路特色和职业特点，持续深化精神文明建设，统筹推动文明培育、文明实践、文明创建，弘扬劳动精神、奋斗精神、奉献精神、创造精神、勤俭节约精神，培育新时代中国铁路新风新貌。深入贯彻落实《关于深化新时代铁路文明单位创建工作的实施意见》，深化文明单位评选复查，开展文明车间、文明班组、文明科室创建活动，坚持与标准化规范化站段建设、文明站车评比、争创文明窗口、选树服务明星等活动相结合，丰富创建载体，拓展活动渠道，推动铁路文明单位创建工作制度化、规范化、常态化。深入开展学雷锋活动，深刻领会习近平总书记对学雷锋活动作出的重要指示精神，准确把握雷锋精神的时代内涵和实践要求，广泛组织学雷锋岗位践行，深入开展学雷锋志愿服务活动，深化学雷锋活动主题宣传，让雷锋精神在铁路绽放更加璀璨的光芒。加强典型选树宣传，广泛挖掘培育和宣传学习“最美铁路人”“新时代铁路榜样”等各类先进典型，积极推荐参评中国好人、全国道德模范、“时代楷模”等更高层级典型，坚持广泛宣传、大力弘扬，通过采写新闻、著书立传、巡回报告、制作海报、拍摄电影、创作歌曲等形式，营造学习先进、崇尚先进、争做先进的浓厚氛围。聚焦人民群众反映强烈的站车不文明现象，从强化环境营造、文化熏陶、阅读引领、志愿共建、舆论引导、应急处置、惩戒曝光等七个方面，传播文明理念、倡导文明行为，引导广大旅客增强文明意识、提高文明素质、养成文明习惯，遵守公序良俗，共建文明站车，营造文明有礼、和谐有序的站车环境，推动铁路文明程度和全社会文明程度的提升。深化“扫黄打非”工作，建强“扫黄打非”专兼职巡查员队伍，加强站车文化市场管理，优化站车公益视频和商业广告审批、发布流程，定期开展专项检查，确保站车文化市场规范有序。

延伸阅读

为进一步推动铁路系统文明单位创建制度化、长效化，国铁集团建立文明单位常态化创建管理机制，坚持每年对铁路系统文明单位开展一次集中复查，对于存在负面清单的单位，取消其荣誉称号，有效避免了“牌子到手、创建到头”问题。

践行社会主义核心价值观优秀案例

上海局集团公司党委
弘扬雷锋精神　凝聚文明力量

上海局集团公司党委深入学习贯彻习近平总书记对深入开展学雷锋活动作出的重要指示精神，发挥党员、团员模范带头作用，组织开展了一系列学雷锋志愿服务活动，营造了奉献、友爱、互助、进步的良好氛围。

（1）**加强组织领导，推动学雷锋活动扎实开展。**把习近平总书记对深入开展学雷锋活动作出的重要指示精神纳入上海局集团公司两级党委理论学习中心组学习，纳入年度主题宣讲。印发《关于深入开展学雷锋活动的通知》《关于开展“学习二十大　青春志愿行”学雷锋志愿服务活动的通知》，做好学雷锋活动常态化、机制化安排，推动学雷锋活动深入开展。更新雷锋服务站电子台账，强化管内109个雷锋服务站规范化管理。制作一批“上铁雷锋服务点”卡牌，摆放于管内800余组运营动车组列车吧台。

（2）**搞好专题策划，发挥先进典型示范引领作用。**由全国时代楷模南京站“158”雷锋服务站牵头，邀请雷锋生前战友赵明才到南

上海站组织“雷锋精神永传承，心尚服务暖人心”志愿服务活动

京站讲述雷锋故事，连线全国铁路41家雷锋号带头人，发起全国铁路学雷锋热潮。南京“158”雷锋服务站客运员吴晓娟作为全国铁路唯一代表，参加中央军委政治工作部、共青团中央在辽宁省抚顺市举行的雷锋墓现场祭扫活动。邀请劳动模范、服务明星，围绕“点亮一盏灯，照亮一大片”等主题与职工进行面对面互动交流，通过诵读《雷锋日记》经典语录，举办雷锋故事学习分享会，深刻领会雷锋精神时代内涵和实践要求。

（3）**深化志愿服务，培育岗位学雷锋良好风尚**。依托“上铁雷锋服务站（点）”，组织“小甜橙”志愿服务队，围绕“脱网”旅客购票服务、重点旅客帮扶等开展志愿服务。常态化设立“银发窗口”、爱心专座、儿童休闲专区、绿色通道等，推出“一个好觉”、适老化、助医等服务。与地方慈善等组织对接，到对口帮扶点开展乡村支教，开展公益助农促销活动，向市民普及城市文明知识，开展社区环境整治。开展少年儿童铁路平安行动，组建学雷锋志愿服务队，开展路外安全宣传，开展电器维修、爱心义剪等便民服务，为铁路沿线的居民提供帮助。

（4）**广泛宣传展示，营造学雷锋浓厚氛围**。组织编排《旅途有终点，大爱无疆界》等文艺节目，参加地方学雷锋主题文艺演出。在承办的南京市学雷锋主题实践活动启动仪式上进行“学习雷锋好榜样”快闪表演。在上海铁道全媒体平台开设《学雷锋活动》专栏，在《中国青年报》等路内外媒体推出《擎雷锋精神旗帜　展铁路服务担当——让雷锋精神在长三角铁路绽放璀璨光芒》《让学雷锋蔚然成风》等系列报道和评论。在央视晚间新闻《新时代的雷锋故事》栏目，推出长三角铁路志愿者接力传承的故事。上海局集团公司先后在上海市、江苏省学雷锋工作座谈会上做经验交流。

南昌局集团公司党委　深入推进精神文明创建

南昌局集团公司党委坚持抓引领、抓重点、抓联动，推动精神文明创建工作不断提质升级。

（1）**发挥示范效应**。指导14个全国文明单位、全国铁路文明单位、局集团公司文明单位建立职工品行、仪表、礼仪、语言、作业等5项文明行为准则，开展文明车间、文明班组、文明科室评比和“做文明人、树新形象”系列主题活动，为各单位开展文明创建提供示范。以“唱响主流声音、传播主流价值”为主题，在各级文明单位开设道德讲堂，在车间科室开展“道德观讨论”，在班组工区开展“班规班训大家讲”活动，营造了崇德向善、见贤思齐的浓厚氛围。近年来，培育了15名省级好人和中国好人，选树了52个文明车间和文明班组。

（2）**开展重点创建**。组织召开宣传思想文化工作暨精神文明建设联席会，确定14个局集团公司第二届文明单位重点创建单位，由

“3·5学雷锋”文艺志愿服务走进南昌东站

各专业部门结合系统实际，指导相关单位对标三级文明单位做法，制定创建工作方案，明确创建目标、主要内容、责任主体、推进计划等事项，确保创建工作紧密围绕中心、服务大局。将文明单位创建纳入运输站段标准化、规范化建设个性指标，作为年度党群工作量化考核项目，组织宣传部和业务部门加强日常工作指导，确保重点创建单位工作有特色、有成效。

（3）**强化路地联动**。把送文化到一线作为推动文明创建的重要抓手，与江西省委宣传部、江西省文联、江西省文艺志愿者协会联合开展“三月春风暖人间，雷锋精神永相传”“万名文艺家下基层，致敬南铁劳动者”等志愿服务活动，表演舞蹈、相声、乐器独奏、杂技等节目，鼓舞干部职工工作热情。与新华书店、江西省“扫黄打非”办联合开展“我喜爱的好书”读书荐书活动，与江西省图书馆、凤凰网江西频道联合建设“缤纷赣图，书香公益”爱心图书馆，在世界读书日举办“用阅读去旅行”大型公益阅读活动，上线“图书盲盒漂流”计划，有效提升了文化活动创建品质。

成都局集团公司遵义车务段党委
用好红色资源赓续红色血脉　打造爱国主义教育新高地

成都局集团公司遵义车务段党委充分发挥地域优势，通过构建红色文化体系、打造红色文化阵地、抓好红色文化传播，着力赓续红色血脉，打造爱国主义教育新高地。

（1）**构建红色文化体系**。结合段情段史和遵义这一红色之都的地域文化，通过座谈交流、现场调研、新媒体征集等方式，广泛征集提炼既体现铁路特色又彰显红色主题的文化理念，形成了以“遵规正己，车行万里”核心理念为引领，稳步推进“五个遵车”建设为主要内容的企业文化体系。走访遵义宣传、文旅部门及遵义会议会址等爱国主义教育基地，深度挖掘凸显遵义红色文化的元素，收集权威文字资料，协同专业人士精心策划设计文化项目，组织专业部门进行论证，确保工作操作性和实效性。

（2）**打造红色文化阵地。**紧扣2021年建党百年主题，打造红色主题文化车站，对遵义站区进行升级改造，在站台、围墙、通道等处所增加红色文化元素，以彩绘形式展示百年恢宏党史，特别是红军长征时期在遵义发生的重大历史事件。全面梳理单位56年发展脉络，征集历史资料30余份和实物80余件，运用图文、视频、VR等形式，打造革命历史文化长廊，同时稳步推进息烽、阁老坝等重点站区红色文化示范阵地建设，为爱国主义教育创造了良好条件。

（3）**抓好红色文化传播。**依托“遵车微秀台”“遵车微讲台”“遵车微党课”三大内宣平台，定期推出红色文化理论微课、文化理念解读、文化成果展播、文创作品展示等新媒体作品；开展“光荣在党30年·对党说句心里话”线上展播，推出《向党旗诉说》宣传片，发布10余篇遵车红色故事。在遵义站创建“红星使者”党内服务品牌，为广大游客提供咨询问答、出行规划、会址直通车、讲解预约等服务，促进了红色文化的传播。举办“颂歌献给党·永远跟党走”主题歌咏会，组建红色文化宣讲队，深入沿线站区讲红军长征故事、讲铁路发展历程，引导干部职工走好新时代的长征路。

第三节　大力传承弘扬铁路优秀传统文化

中国铁路丰厚的历史积淀，一代代铁路人在实践中传承和弘扬的宝贵精神，是铁路文化的根和魂，是新时代铁路企业文化建设的重要资源。传承弘扬铁路优秀传统文化，用铁路优良传统浸润心灵、涵养美德，有利于引导职工铭记历史、不忘初心，有利于激发职工文化自信，凝聚建功新时代的前进动力。激活铁路优秀传统文化内在的强大生命力，需要薪火相传、代代守护，也需要与时俱进、推陈出新，实现创造性转化、创新性发展。

（一）挖掘铁路优秀传统文化内涵

推动铁路传统文化创造性转化、创新性发展，将传承弘扬铁路优秀传统文化与弘扬中华优秀传统文化、革命文化和社会主义先进文化紧密结合，引导干部职工更好认识中华民族悠久历史和灿烂文化，深刻理解铁路红色历史和光荣传统。深入挖掘铁路优秀传统文化内涵，大力传承弘扬“始终听党话、永远跟党走”的红色基因、“人民铁路为人民”的根本宗旨、基于“高大半”行业特点形成的“严字当头、铁的纪律”工作作风等文化精髓，并结合新的时代特点和实践要求对其内涵加以补充、拓展和完善，使之与新时代铁路文化相融相通，不断增强影响力和感召力。加强以“人民铁路为人民”为核心的铁路精神谱系的阐释、解读、宣传，进一步总结梳理和宣传阐释“二七”精神、“毛泽东号”精神、“铁牛号”精神、成昆精神、小东精神、火车头精神，青藏铁路精神、大秦重载精神、巴山精神、新时期火车头精神，“158”精神、新时期铁路精神等不同时期的铁路精神，深刻阐明历史渊源、精神脉络、思想精华和时代意义，深刻阐明传承弘扬铁路优秀传统文化是推动铁路高质量发展的必然要求，不断丰富铁路优秀传统文化的内涵和外延。

（二）加强铁路文化遗产保护利用

坚持“保护第一、加强管理、挖掘价值、有效利用、让文物活起来”的新时代文物工作方针，加强重要铁路文物的保护利用，健全完善铁路文物实物管理信息系统，开展重点文物研究，有计划地挖掘文物承载的历史故事和文化内涵，生动反映铁路发展变迁，引发干部职工情感共鸣；加强重要铁路遗迹遗存的保护利用，在有条件的地方探索建立铁路文化主题公园，发展文化旅游，设计推出一批铁路精品研学游线路，在文化旅游中传播和弘扬铁路优秀传统文化；加强重大铁路工程的保护利用，对于成渝铁路、南京长江大桥、京沪高铁、京张高铁、川藏铁路等历史性重点工程，健全完善保护管理制度，收集建立集实物、图文、影像等于一体的资料库，全面记录重大铁路工程的前世今生；加强铁路老字号的传承发展，弘扬“毛泽东号”机车组、福生庄线路工区、“158”雷锋服务站等老字号的宝贵精神，推广工作法，培育代言人，让老字号在新时代焕发新光彩；建好管好用好铁路各级各类文博场馆和文化阵地，积极推进网上铁路博物馆建设，广泛开展铁路文物精品展览活动，让职工

延伸阅读

近年来，国铁集团党组加大铁路文博场馆、铁路可移动文物和具有保存价值实物保护管理利用力度，推动铁路文博资源创造性转化、创新性发展。目前，全国铁路共有210个文博场馆，铁路文物实物管理信息系统收录铁路文物实物4.6万余件。

铁路文物实物管理信息系统主界面

群众通过铁路文物承载的信息，记得起历史沧桑，看得见岁月痕迹，留得住文化根脉。

（三）加大铁路优秀传统文化宣传力度

丰富表达形式，综合运用报纸、书刊、电视、新媒体、网络等各类载体和 VR、AR 等现代科技手段，对铁路优秀传统文化进行生动展现和普及，充分彰显铁路优秀传统文化的独特魅力；借鉴《国家宝藏》《如果国宝会说话》《经典咏流传》等文化节目，深化“铁路老物件会说话”专题宣传，打造铁路优秀传统文化宣传品牌，通过新颖的视听语言、生动的表达方式、易于传播的平台载体，让收藏在博物馆里的文物、陈列在铁路线上的遗产、书写在史料里的文字活起来、火起来。坚持以铁路优秀传统文化滋养文化创造，着力从铁路优秀传统文化的资源宝库中提炼题材、获取灵感、汲取养分，把铁路优秀传统文化的有益思想、艺术价值与时代特点和要求相结合，探索铁路重大历史题材专项创作，积极推进网络文艺创作传播，充分运用微电影、纪录片、歌舞剧等丰富多样的艺术形式，以小见大地展现铁路优秀传统文化魅力。常态化开展路情路史宣传教育，积极创建铁路爱国主义教育基地，申报全国爱国主义教育示范基地，用活用好红色资源，增强干部职工的荣誉感、使命感和责任感。

活动视频

2021 年 6 月 15 日，国铁集团宣传部和中华全国铁路总工会在二七剧场举办“庆祝建党 100 周年　铁路老物件精品说”展演，讲述了中国铁路全图、“0 号”蒸汽机车、毛泽东主席专列等 10 个老物件的故事。

传承弘扬铁路优秀传统文化优秀案例

沈阳局集团公司党委
弘扬传统文化　凝聚发展动力

沈阳局集团公司党委注重加强传统文化教育，用红色基因凝聚工作合力，推动了企业高质量发展。

（1）**弘扬“一点不差，差一点也不行”的小东精神。**深入挖掘“一点不差，差一点也不行”的时代内涵，以及小东人坚持70年如一日严守规章、确保安全的先进事迹，广泛开展传承和践行小东精神活动。打造小东精神教育基地，将基地纳入干部职工培训教学资源，强化铁路传统文化教育。突出“为先风范、自觉养成、精业品格、严细作风、忠诚情怀”主题，组织宣讲报告团深入7个较大地区巡回宣讲38场次、受众2.6万人，并组织全员观看宣讲实况录像。

沈阳局集团公司新入路大学生参观小东精神教育基地

开展“像小东人那样抓基础、强基本”专题教育，全媒体推出小东人经典故事、职工学习感言42期。持续评选表彰“小东式”党支部、班组和职工，营造全员学小东的浓厚氛围。

（2）**弘扬“一分钱掰成两半花”的艰苦奋斗精神。**面对新冠疫情给铁路运输经营带来的严重影响，沈阳局集团公司党委号召大力弘扬孙家养路工区“一分钱掰成两半花”的艰苦奋斗精神。组织开展“树立过紧日子思想，奋力实现经营目标”“增收创效、节支降耗，坚决实现新的预算目标”等经营形势任务教育，推出“弘扬艰苦奋斗精神，坚决实现经营目标”系列专题片12个，组织开展“‘一分钱掰成两半花’过时不、需要吗、怎么干”等集中讨论5800余场，全媒体刊发职工学习体会120余篇（条），征集节支创效“金点子”3680余条，引导干部职工把艰苦奋斗作为传家宝，积极投身到节支创效中来。

（3）**弘扬“打不断、炸不烂的钢铁运输线”的爱国主义精神。**抓住纪念中国人民志愿军抗美援朝出国作战70周年的有利契机，组织干部职工观看纪念大会实况，学习习近平总书记重要讲话，开展“弘扬伟大抗美援朝精神，凝聚企业高质量发展力量”讨论2410余场。建成“抗美援朝铁路运输网上展馆”，通过主题党日、主题团日、爱国主义教育等形式，组织10余万名干部职工参观抗美援朝纪念馆和网上展馆，重温抗美援朝光辉历程，弘扬“打不断、炸不烂的钢铁运输线”的爱国主义精神。推出长篇报告文学《雄江铁魂》、宣传片《铁血英魂铸丰碑》等系列“铁字号”文化产品，全媒体推送《炮火中前进的列车》《红色传承》等6部微视频，真情讲述铁路人舍生忘死抢修铁路、抢运物资的感人故事，激发爱党爱国、爱路爱企热情。

郑州局集团公司党委
让铁路优秀传统文化焕发时代光彩

郑州局集团公司党委深入挖掘中原铁路百年发展历程中留下的宝贵精神财富，以讲文化故事、建VR全景展馆为工作抓手，打造系列传统文化产品，使铁路优秀传统文化焕发出时代活力与光彩。

（1）**确立适合传统文化传播的新思路。**中原铁路具有丰厚的历史文化积淀，“二七”精神、杨连第“登高”精神等激励影响了一代代郑铁人。受社会思想多元多变影响，近年来干部职工尤其是大量新入路的青工对铁路优秀传统文化兴趣不高、知之不多。对此，郑州局集团公司成立专门调研组，确立“如何增强传统文化吸引力，让传统文化走进职工心里”的专项课题，通过实地看、现场听、专题访、大家谈等方式，全面摸清其主要原因为“文化内容单一、传播方式单一”，并据此确定运用网络、VR全景技术对传统文化进行二次发掘、广泛传播的思路和措施。

榜样人物

登高英雄杨连第

（2）**推出彰显传统文化特色的新产品。**全面梳理郑州局集团公司发展历程中形成的传统文化资源，遴选一批最具历史和时代意义的重点项目，创作了反映“二七”精神故事、郑州东站故事的《一声汽笛奏百年交响》《二次创业实现华丽转身》等多个文化故事及新媒体产

2021 年“中共洛阳组”诞生地纪念馆获评铁路爱国主义教育基地

品；挑选 10 个具有深厚文化底蕴的集体，将他们的故事编印成《郑铁老字号》；借助 VR 技术，将“中共洛阳组”诞生地纪念馆、杨连第爱国主义教育基地等 8 处文博场馆，制作成网上全景展示馆，让铁路传统文化真正“活”起来。在产品制作过程中，积极发动职工参与，广泛征集老照片、新素材、新创意，努力使挖掘创作的过程转化为精神提炼、文化滋养的过程。

（3）**打造引领传统文化潮流的新品牌**。把传统文化宣传教育与深化党史、路史、局情教育相结合，将各类文化作品、VR 全景展示馆等内容纳入政治学习、党课教育和职工入路培训，促进认知认同。开展“传统文化故事会进一线”活动，在报台网刊和“两微一端”开设专题专栏，持续讲好文化故事、推送 VR 全景展示馆，《人民日报》《光明日报》等中央主流媒体纷纷进行报道，形成了良好的品牌效应。

广州局集团公司党委
建好用好铁路文博场馆　传承弘扬优秀传统文化

广州局集团公司党委建成“3+12”铁路文博场馆传播矩阵，弘扬铁路优秀传统文化，赋能文化强局建设。

（1）**加强组织领导，建设广铁博物馆矩阵。**成立由主要领导任组长、分管领导任副组长和21个部门、20个单位负责人任组员的重点文化阵地建设工作领导小组，设立规划建设、文案资料、文物征集等工作组，各司其职、合力推进。组建展陈写作班子，到国内126家知名博物馆参观研学，吸纳专家意见356条，参阅史志档案2万余份，经过反复研究、集中组稿、专家评议等环节，打磨形成高质量展陈设计和文案大纲。建立周例会、月督办、现场办公、专题会议等制度，着力解决资金保障、人员安排、工程建设、文物保护等重点难点问题500多个，并确定将原粤汉铁路黄沙站旧货仓、衡阳铁路局“红楼”和海南铁路办公楼分别改造成广州、衡阳和海南三个铁路博物馆。

（2）**加强展陈设计，丰富文博展示文化内涵。**采取专门征集、发动职工捐献、面向社会收集等方式，征集铁路文物实物，同时派出120多名专业人员行程3万公里深入管内各地区征集文物实物4000余件。全面梳理广州铁路发展历程，以广州铁路博物馆为核心，以衡阳和海南铁路博物馆为重点，以站段史馆为补充，确定“艰辛历程”“新生之路”“开拓先行”“高铁时代”“继往开来”等展览版块，全面科学展示广州铁路改革发展历史。通过珍贵文物实物展示及场景模拟、现代声光电技术等多种方式，展示建党初期毛泽东等老一辈无产阶级革命家在广州铁路地区领导工人运动、建立党的基层组织的红色故事，展现铁路“始终听党话、永远跟党走”的红色基因。

▲ 广东省应急厅应急支援处与广州局集团公司安监室在广州铁路博物馆开展主题党日活动

（3）**抓好开发利用，弘扬铁路优秀传统文化。**推进博物馆数字化建设，制作文博宣传产品200多个，开展立体式宣传。组织160余家国内外重点媒体在广州铁路博物馆开放前后推出全景式报道1000余篇，吸引了众多群众慕名而来，开馆运营100多天即有25万人次参观。以推进党史学习教育常态化、长效化为契机，举办“紧跟党走、情系铁路”红色主题巡展，组织“铁路文物话党史”专题宣传，开展参观研学、主题教育及党日活动等1800多场。探索路地共建共享新模式，与广东、湖南、海南等地方政府合作，将广州铁路博物馆打造成广州市文化交流的首选场馆，将衡阳铁路博物馆及其文化广场打造成湖南省文物保护单位、重点景观，将海南铁路博物馆打造成全国中小学生研学实践基地、城市文化新地标。

乌鲁木齐局集团公司党委
传承“五种精神”　激发创业动力

乌鲁木齐局集团公司党委聚焦勇当服务和支撑中国式现代化建设的“火车头”，积极推进乌铁人“五种精神”（扎根边疆的创业精神、艰苦奋斗的献身精神、高度负责的主人翁精神、团结协作的集体主义精神和勇于创新的开拓精神）创造性转化、创新性发展，为推动新疆铁路高质量发展提供了不竭精神动力。

（1）**着眼长远，建设思想教育新阵地。**以庆祝新中国成立70周年为契机，采取图文展板、实物陈列、实景复原、主题雕塑、视频影像等多种方式，建成集党史、局史、党风廉政教育、安全警示教育等功能于一体的“新疆铁路教育基地”。指导12个基层单位建成了段（站）史文化馆。在乌鲁木齐局集团公司融媒体平台连续推出“局史上的今天”“说说我们的老字号”“那些难忘的故事”等13个专题宣传，引导干部职工知史爱党、知史爱局。与石河子新疆军垦博物馆、阿拉山口爱国主义教育基地、克拉玛依油田文化馆等建立合作机制，组织1.5万名职工参观学习，有效缓解了边远站区教育资源不足等问题。

（2）**创新手段，丰富局史文化产品。**抽调专门力量，全面梳理新疆铁路发展史，组织拍摄影像资料，录制了乌鲁木齐局史纪录片《龙

微视频

《“三本书”的精神传承》

腾大西北》，编印完成《局史教育读本》。广泛征集新疆铁路100个难忘的故事、找寻不同年代100个闪光人物，组织编印《行进乌铁·双百丛书》，配套编印《时代先锋》《追梦历程》《多彩年华》等多套思想教育读本。组织文学骨干创作长篇报告文学三部曲《柳园人》《风区人》《高山站区人》，小说《兰新和她的女儿》《一路向西》《汽笛穿过天山》，故事集《兰新铁路的传说》《老易的小站印象》等，全方位、立体化记录和再现乌铁人的创业故事。

（3）**搭建平台，开创传承教育新局面**。把企业文化纳入各类培训安排，把局史文化相关内容纳入应知必会学习题库，切实抓好全员性、经常性教育学习。连续三年组织开展“知局史、看变化、谈发展”主题教育活动，邀请老劳模、老典型讲故事、谈体会、忆往事，集中观看局史纪录片、参观局史教育馆、举办局史抢答赛、演讲比赛等，激发了职工干事创业的奋斗激情。组织开展系列群众文化活动，编排歌舞剧《红柳如歌》《决战天山》《风雨国门人》《风中的敬礼》，创作歌曲《汽笛嘹亮》《天高地宽》等100多个优秀文艺作品。把每年10月作为乌鲁木齐局集团公司“企业文化建设活动月”，组织开展系列文化寻根和“送文化进站区”活动，有效丰富了职工的精神文化生活。

青藏集团公司党委
聚焦“四度”强效果　弘扬精神聚合力

青藏集团公司党委精心举办“青藏铁路精神”报告会，在“高度”“厚度”“温度”“广度”上下功夫，大力弘扬“挑战极限、勇创一流”的青藏铁路精神，进一步统一干部职工思想，凝聚改革发展合力。

（1）**精准定位，在立题解读上提升“高度”**。认真学习贯彻习近平总书记在2018年10月10日中央财经委员会第三次会议上提出的“发扬‘两路’精神和青藏铁路精神”的指示要求，撰写形成青藏铁路精神解读材料，阐明青藏铁路精神是中国共产党人不忘初心、矢志不渝，带领中华民族追求伟大复兴的生动缩影；是几代铁路人砥砺奋进、攻坚克难，勇挑社会发展先行重担的集中体现；是青藏铁路人牢记使命、挑战极限，运营世界一流高原铁路的具体实践。结合新的历史背景和形势任务，提高站位，全面解读了青藏铁路精神的内涵实质。

线上展室

中国铁路青藏集团有限公司西宁客运段荣展室

（2）**全面梳理，在资料准备上增加“厚度”**。为组织好报告会，构建党委书记挂帅、分管领导主抓、宣传部门牵头、工会部门协助、融媒体中心配合等各单位深度参与的工作格局。按照“主题明确、数据翔实、重点突出、事迹感人”的原则，广泛收集报告会内容和素材，特别是组织专人赴西安采访老铁道兵，对老关角隧道修建过程中的事迹进行专门采集。经过全面梳理和反复修改，最终确定了《源起初心》《西进！西进！》《世纪梦圆》《砥砺奋进》《幸福之路》《继续前行》等6个篇章的报告会整体框架，第一次全面系统地回顾了青藏铁路精神从孕育、萌发、形成，再到引领青藏铁路不断发展的历史脉络。

青藏铁路精神宣讲报告会情景剧

（3）创新形式，在全景展现上提高“温度”。组织26名演职人员融合朗诵、情景剧和视频展播等表现形式，开创“多感官体验”的宣讲报告新模式，生动讲述了青藏铁路从规划、勘探、建设到运营过程中14个最具有代表性的感人事迹，穿插表演《祭奠关角隧道战友》《顶风雪抢通唐古拉线路》《天路宝宝串起十年情缘》等6幕微情景剧，在职工中引起强烈共鸣。一名新入路职工由衷感叹：“以前一直以为青藏铁路精神仅仅是一句鼓舞人心的口号，没想到有这么深厚的历史传承，更没想到有这么多可歌可泣的事迹，听完宣讲除了感动，更多的是一种从我做起继续传承的动力。”

（4）集中宣传，在影响范围上扩大“广度”。将青藏铁路精神报告会打造成为企业文化和党内建设的品牌，先后在西宁、格尔木、德令哈等地区组织6场精品党课——青藏铁路精神巡回报告会，现场观众达3000余人。在组织“线下”宣讲的同时，积极开展“线上”教育，精心录制青藏铁路精神报告会视频，在乌鲁木齐局集团公司融媒体矩阵发布，并推荐到学习强国平台发布，被纳入“全国党员干部现代化远程教育平台优秀党课”。加大新闻宣传报道力度，推出《青藏铁路精神暖人心》《泪目！这个报告会惊艳所有人》《“青藏铁路精神报告会”视频引起强烈反响》等31篇报道。2021年，青藏铁路精神入选首批中国共产党人精神谱系。

第四节 持续深化铁路重要工作领域企业文化建设

加强安全、服务、经营等重要工作领域企业文化建设，是铁路企业文化融入中心、服务大局的现实需要。国铁集团党组历来高度重视铁路安全、服务、经营文化建设，加强顶层设计，打造系列品牌，充分发挥其理念引领、精神激励、行为塑造和环境熏陶作用，在推动铁路高质量发展中彰显文化担当作为。站在全面建设社会主义现代化国家的新起点上，落实构建“六个现代化体系”目标任务，更加需要深化安全、服务、经营等重要工作领域企业文化建设，以文化之力促进管理效能提升、攻坚合力形成。

（一）持续深化铁路安全文化建设

安全是铁路高质量发展的前提和基础，是铁路工作的生命线。确保安全是铁路工作的永恒主题，是铁路干部职工的首要职责。面对铁路运输高速度、高密度、高载重的挑战，确保安全特别是高铁和旅客列车安全万无一失，需要持续深化安全文化建设，激励干部职工深入贯彻落实习近平总书记关于铁路安全工作的重要指示批示精神，牢固树立总体国家安全观和大安全观，坚决确保现实安全稳定，着力构建现代化铁路安全保障体系，坚决守住铁路安全政治红线和职业底线。

（1）培育安全理念。深化安全文化建设，必须把树牢和践行安全理念摆在首位。要强化学习教育和岗位实践，引导干部职工牢固树立安全发展理念，积极弘扬安全第一、生命至上思想。一是强化安全责任教育。深入学习领会习近平总书记“总体国家安全观”“统筹发展和安全”“人民至上、生命至上”“安全责任重于泰山”等重要论述，深入学习领会习近平总书记对铁路安全工作的重要指示批示精神，站在坚决做到“两个维护”的高度，充分认清铁路安全事关国家安全、事关国民经济发展、事关人民生命财产安全，始终保持对安全工作的高度敬畏感。二是强化安全理念宣传。深入阐释解读“安全是铁路行业的生命线，是一切工作的前提和基础”“安全是铁路的政治红线和职业底线，是铁路最大的政治，是铁路最重要的声誉”“确保高铁和旅客列车安全万无一失”的深刻内涵和基本要求，引导干部职工树牢大安全观念。结合实际培育特色鲜明、务实管用、广泛认同的安全理念，通过职场揭挂、文艺创作等多种形式，推动安全理念形象化、可视化。三是强化主题教育实践。围绕岗位践行安全理念，组织开展集中研讨、导入培训、辩论大赛、岗位锻炼等系列主题教育实践活动，引导干部职工在学习实践中实现由认知认同到自觉践行的转变，推动安全理念落地生根。

（2）健全安全制度。安全重在管理，管理需要规范制度和标准体系。要以运输站段标准化、规范化建设为统领，围绕构建人防、物防、技防“三位一体”安全保障体系，风险管控和隐患排查治理

武汉高铁工务段开展钢轨打磨练功比武

双重机制，健全安全生产法规制度和标准规范，完善工作流程和岗位作业手册，确保管理有规范、作业有标准、应急有预案、行为有准则。一是推进管理制度规范化。坚持以《中华人民共和国安全生产法》《铁路安全管理条例》等法律法规，以及《铁路技术管理规程》《铁路行车组织规则》等基本规章为依据，结合安全标准化规范化建设，理清专业管理逻辑，把握专业管理规律，健全完善纵向贯通、横向融合的安全生产管理制度，进一步规范专业人员的管理行为。区分不同工种、不同岗位、不同作业，细化现场作业和应急处置标准、流程，编制岗位作业指导手册，进一步规范现场职工的作业行为。二是推进标准流程可视化。把各岗位的管理标准、作业流程，编制成简单易记的作业口诀、流程图表、指导卡片等，强化提示提醒，便于对照执行。把各生产区的作业禁忌、注意事项等，以实物照片、矢量图标、主题漫画等形式表现出来，制作成揭挂图板、提示标牌等在作业区明示，以生动形象的视觉效果，强化对作业行为的熏陶。把常见故障、问题处理办法总结梳理出来，制作成以实用管用的文字说明、插图注解为主要内容的作业提示卡、口袋书，方便职工随身携带、参照使用，确保应急有备、精准处置。三是推进培训演练实战化。以岗位必知必会理论和实作项目为重点，坚持从强化职业习惯养成和基本功训练入手，突出培训专业化、规范化、实战化，对照基本规章、技术标准和作业流程，充分发挥各级培训基地、练功场作用，加强业务培训和突发故障应急处置演练，引导一线职工把简单的事情做到极致、把常规动作做到下意识。推动各系统工作性质相同的单位、车间、班组、岗位，广泛开展业务比武、学规对标、一口清一手精等竞赛活动，并与绩效工资分配、评先提拔等挂钩，在职工队伍中培育尊崇技术状元、争当技术标兵的良好风气。

（3）规范安全行为。让标准成为习惯，让习惯符合标准，是安全文化建设最基本、最核心的任务。要坚持宣传教育、思想引导、正向激励、典型示范等多措并举，引导职工养成在岗必尽责、作业必达标的良好习惯。一是强化宣传教育，引导习惯养成。针对铁路行业特点、季节性安全风险、运输安全重点任务，制订形势任务宣传教育计划，编发安全教育资料、专题片，有的放矢开展安全思想教育，引导干部职工知形势、识风险、重防范、明责任。采取集中学习、法治讲座、知识竞赛等形式，开展安全法规教育，引导干部职工遵纪守法确保安全。充分发挥安全警示教育馆、教育基地等的教育作用，采取制作事故分析片、复盘现场、挂图讲解、算账对比、现身说法等形式，开展案例警示教育，引导干部职工认清事故经过、产生原因、严重危害、教训启示，促进敬畏规章、规范管理、标准作业行为的养成。二是实施正向激励，促进习惯养成。充分发挥激励机制在职工行为养成中的导向作用，通过“两违”考核、立功授奖，练功比武、劳动竞赛等形式，激励职工自觉遵章守纪、刻苦钻研业务、严格作业标准，形成良好的作业习惯。搭建职业发展平台，建立劳模、大师工作室，总结提炼标准化作业工作法，鼓励职工建功立业、岗位成才，调动职工保安全的积极性和主动性。三是选树宣传典型，引领习惯养成。充分发挥典型示范引领作用，大力选树宣传遵章守纪、规范管理、标准作业、确保安全的安全功臣、铁路榜样等先进典型，组织开展形式多样的名师带徒、现场授课、岗位示范等活动，搭建起典型带着做、职工跟着学的良性互动平台，影响和带动更多的干部职工规范安全行为。

（4）创优安全环境。建设平安铁路，需要营造铁路职工与社会公众共同维护铁路安全的良好环境。要着力构建有利于安全生产的职场环境、人文环境、路外环境和舆论环境，形成对干部职工确保安全生产的熏陶感染，争取社会各界对铁路安全工作的理解支持。一是优化职场环境。坚持贴近职工、主题鲜明、寓意深刻的原则，按照实用、规范、美观的要求，因地制宜设置安全理念、安全标识、风险提示、格言警句、寄语承诺等，营造健康向上的职场安全文化氛围。突出安全主题，建设安全警示馆、先进典型荣誉室、职工培训基地等教育场所，定期开展安全教育和技能培训，增强安全文化的感染力渗透力。深化车间班组家园文化建设，改善职工生产生活条件，打造乐业奉献的职工家园，激发职工确保安全的内动力。二是优化人文环境。深入细致做好安全生产中的职工思想政治工作，注重发挥班组长作用，围绕一班作业计划，在班前注意观察了解职工精神状态、情绪变化，做好针对性提醒提示，同时结合当日作业计划，根据人员状况、列车运行、机械料具、气候环境、作业时间等因素，开展安全预想和安全教育，明确作业风险防控措施；在班中采取师徒结对子、安全防护员监督、党员责任区互控等方式，强化提醒提示和联防联控，确保作业标准和防控措施落实；在班后围绕日班作业情况进行总结讲评，表扬先进、点评问题，切实把思想政治工作贯穿一班作业全过程。三是优化路外环境。以平安中国、法治中国建设为主线，结合普法宣传，充分利用中央和地方媒体、铁路站车宣传阵地，广泛宣传铁路法律法规、安全常识，特别是开展高铁和普速铁路外部环境整治的重要意义，培养公民爱路护路意识。利用全民国家安全教育日、安全生产月等有利时机，设计开展既符合社会关切，又独具铁路特色的主题宣传活动，采取内宣外宣联动、网上网下结合的方式，进一步扩大宣传声势和效果。组织开展铁路安全宣传教育进校园、进村庄、进厂矿等主题活动，普及铁路安全知识，宣传高铁和普速铁路外部环境整治重点任务，赢得人民群众的理解和支持。注重发挥治安综治、护路联防作用，充分发挥各人民团体、群众组织优势，面向所联系的领域和群众，开展路地共建、警民共建、平安铁路创建活动，营造维护铁路运输安全的良好环境。四是优化舆论环境。坚持团结稳定鼓劲、正面宣传为主的方针，完善宣传、协调、沟通机制，加强新闻宣传和舆论引导。充分运用铁路宣传阵地，协调运用社会宣传资源，广泛宣传铁路在服务国

延伸阅读

2022年，国铁集团宣传部、安监室联合印发《关于开展铁路安全文化建设示范点创建工作的通知》，确定政治引领优、安全理念优、安全制度优、安全行为优、安全环境优、安全品牌优、安全业绩优等7个方面创建标准，组织各单位广泛开展示范点创建，2022年命名了30个铁路安全文化建设示范点，以点带面推动铁路安全文化建设更好地融入中心、服务大局。

"人民铁道"全媒体专栏：《企业文化建设一线行·安全文化篇》

家战略中的地位作用，宣传铁路为满足人民群众美好出行需求付出的艰辛努力，宣传铁路确保安全、优质服务先进典型的动人事迹，讲好铁路故事，塑造铁路形象。利用各级各类媒体平台曝光违反铁路法规、危害铁路安全的典型案例，健全完善安全生产社会舆论监督网络，严格执行安全生产信息公开制度，推动社会理解、支持铁路安全生产工作，为铁路安全发展营造良好的舆论环境。

铁路安全文化建设优秀案例

哈尔滨局集团公司大庆工务段党委
抓住关键求实重效　扎实推进安全文化建设

哈尔滨局集团公司大庆工务段党委抓关键、重实效，扎实推进安全文化建设，有效提升了安全治理能力，截至2023年1月31日，实现无一般D类及以上事故2697天的历史最好成绩。

（1）**凝聚保安全的思想共识**。以“摒弃陋习、敬畏职责、执行标准”主题攻关活动为抓手，发动干部职工梳理出管理层“凭借经验指挥”、作业层“拿习惯当标准”等七方面陋习，通过对照查摆整改，有效纠治了安全管理和作业中的倾向问题。充分发挥广大干部职工聪明才智，征集线路工等5个主要工种安全谚语、警句72条，总结提炼出以安全责任观、安全诚信观等为主要内容的“八大”安全价值观，以及“安全就是生命、安全就是效益”等“五大”安全理念。印发《安全文化手册》，制作6部典型案例教育片、动漫片和理论微课，印发7期安全教育提纲，利用班前会集体宣誓、专题宣讲等形式做好宣传学习，教育引导干部职工树牢安全发展理念。

（2）**培养保安全的行为习惯**。着力规范决策行为，严格落实段、车间两级重要事项集体决策制度，把制度建设的发言权交给现

大庆工务段职工精心检查线路

场，充分尊重职工意见，累计研究安全事项42项，确保决策更加科学合理。着力规范管理行为，重新修订全段126名干部安全责任清单，制定管理人员“六聚焦”“八坚持”安全履职规范，深入整治干部不作为、假作为、慢作为问题，坚持以下看上、责任倒推、一追到底，2022年以来累计考核追责责任落实不到位干部78人次。着力规范作业行为，推进安全文化建设与安全管理深度融合，常态化开展技术大比武、应急大演练，深化职工“两违”积分限量考核+红线管理，综合运用“人防+技防”强化作业过程安全管控，2022年以来共计纠正职工违章违纪问题561件，组织技能演练126场次，参与职工3023人次。

（3）**建设保安全的良好环境**。在全段各办公区及38个班组设置安全文化角，展示安全理念、安全职责、安全风险提示等方面宣传揭挂，投入50.9万元改善职工生产条件，以优美温馨的职场环境熏陶职工。实施“5+N”思想政治工作法，深化“我为群众办实事”实践活动，建立职工意见建议“直通车”、举办群众“广言堂”，认真解决职工思想问题和实际问题，打通服务职工“最后一公里”，增强职工的幸福感和归属感。深化季度、月度常态化宣讲，深入开展十大安全之星、标兵评选活动，持续讲好安全生产故事，2023年以来开展主题宣讲1080场次，为安全生产营造了良好的舆论环境。

沈阳局集团公司苏家屯机务段苏家屯运用车间深入推进安全文化建设示范点创建

沈阳局集团公司苏家屯机务段苏家屯运用车间认真落实安全文化建设示范点创建要求，着力在思想教育、行为养成和环境熏陶上下功夫，为确保安全生产提供了坚强的文化支撑。

（1）**厚植安全理念**。采取专题学习研讨、制作推送理论微课等形式，深入学习领会习近平总书记关于安全生产的重要论述和对铁路工作特别是铁路安全工作的重要指示批示精神，引导干部职工树牢“安全第一、生命至上”“安全是铁路行业的生命线，是一切工作的前提和基础”等理念。在健康小屋、保休点设立“流动补习站”，扎实开展安全形势任务教育、“历史上的今天”教育、典型事故警示教育，强化了干部职工对岗位安全的责任感和敬畏感。组织机车乘务员提炼安全警句格言68条，总结践行“超前防范”工作理念，针对“变化风险”“季节风险”等关键点，充分预想安全隐患，超前做出风险预警，使干部职工的安全意识得到强化。

为司机讲解担当区段安全风险示意图

（2）**规范安全行为**。着眼于“盯变化、控风险，盯关键、抓落实，盯素质、抓培训，盯干部、抓履职，盯人心、抓合力”，细化32项安全措施、规范16项作业标准、修订完善车间乘务区段作业指导书80余条，针对调车转线、过分相等日常作业中的关键环节完善风险提示22条，录制标准化作业教学视频10部，组织专题学习培训，确保管理人员和机车乘务员准确掌握。开办“草根讲堂”，鼓励每名乘务员走上讲台分享安全行车经验，促进良好行为习惯的养成。编制新职司机培训计划书，以非正常应急处置和机车操纵为主要内容，每月至少开展4次实作培训，每周点评新职司机工作状态，促进新职司机稳步成长成才。大力开展实物化、实景式、实作性培训，坚持每月开展一次达标赛，激励职工在比学赶超中练硬功长才干。

（3）**营造安全氛围**。加强职场安全环境建设，在学习室、保休点等场所张贴作业流程图、典型问题分析、作业标准图板，设置星级班组评比、标杆车队评比等“六项激励”公示板和“季节风险示意图”，使干部职工在耳濡目染中受到教育和熏陶。大力开展安全文化品牌创建，精心培育“全能型司机”“沈大线经济操纵办法”等5个安全品牌，相关经验在全段进行了推广。坚持通过举办先进典型颁奖仪式、总结表彰大会、事迹报告会、座谈交流会等形式，宣传典型事迹，推广优秀经验，营造了人人崇尚典型、人人争当典型的浓厚氛围。截至2023年1月底，车间实现安全生产5210余天的好成绩。

呼和浩特局集团公司包头车辆段党委
坚持以文化人　筑牢安全之基

呼和浩特局集团公司包头车辆段党委秉承“文化聚力、促进发展”的工作理念，持续推动安全文化与安全管理相融并进，切实筑牢企业安全之基。

（1）**认真谋划，注重顶层推动**。包头车辆段党委定期召开专题会议，研究企业文化建设存在问题和工作计划，并成立5个工作小组，细化14方面36项具体工作内容，层层传递压力、压实责任。加大环境建设投入力度，建成6大主题广场、3个安全警示教育室，绘制漫画德育墙和段史文化墙，建设“安全大道”，标明安全风险项点、悬挂职工安全格言、张贴安全漫画和标准化作业流程，营造了浓厚的安全文化氛围。完善和丰富安全文化内涵，总结提炼安全理念，制定职工行为规范，创作《包辆赋》《动车赋》，编印《企业文化手册》，拍摄安全文化专题片，举办安全理念专题宣贯和主题征文演讲等活动，不断凝聚干部职工思想共识。

（2）**紧贴实际，注重融入管理。**严格客车和高铁安全管理，细化安全红线管理实施细则，常态化实施干部跟班包保制度，梳理修订标准化体系文件204项、作业指导书1209项，完善红线管理办法36条、防控措施161条，优化管理人员现场安全检查量化任务183项，有力推动了标准化规范化建设。规范客车质量鉴定组织考核奖惩标准，建立正向激励制度，实施防止事故、安全重大隐患嘉奖及小额快奖，引导干部职工尽职尽责落实标准。大力推行班前安全警示、工前安全宣誓、每周案例分析，进一步调动全员保安全的积极性。创新“周学、月练、季检、年评”教育考评模式，管好用好2个实训基地，实行差异化、精准化职工培训，先后组织各类培训、竞赛247期，完成实作技能过关考核2320人次，切实提高职工学标、对标、落标能力。

（3）**立标打样，突出示范引领。**常态化开展“星级职工”“季度安全标兵”“动车技术状元”评选活动，累计推出安全标兵132名、动车技术状元10名、星级职工189名。在作业园区建设标兵大道、工匠大道、劳模墙等典型宣传阵地，广泛开展“弘扬劳模精神、共

包头车辆段呼和浩特东动车所安全广场

创精彩包辆”先进人物事迹报告会，邀请火车头奖章、“铁路工匠”荣誉获得者讲述成长故事，成立“云峰技能大师工作室”和“杨文广工作室”，建立应急专家库和“辆故110”应急品牌，以典型的示范作用促进干部职工学先争优，推动安全生产持续稳定。

南昌局集团公司鹰潭工务机械段党委以安全文化助力赣闽高铁安全稳定

南昌局集团公司鹰潭工务机械段党委从打造理念体系、丰富文化阵地、发挥示范作用三方面入手，深化安全文化建设，助力赣闽两省高铁线路安全稳定。

（1）**打造理念体系**。提炼六大企业核心理念、八项企业价值取向，归纳企业“十条”和30多条工作法则，形成体现系统特色、覆盖全部工种、符合各岗位实际的安全文化理念体系。段层面形成“特别能吃苦、特别能战斗、特别能奉献”的企业精神以及安全、经营、廉洁、家园理念。科室和车间班组层面，提炼出“焊接一根钢轨、心系一车旅客”“一人执标一处安、众人执标稳如山”等符合生产岗位实际、干部职工认可的安全管理理念。制定《企业员工守则》，修订岗位作业指导书，规范153个岗位安全职责和作业标准，做到职责清晰、流程明确。

（2）**丰富文化阵地**。在机关、车间开辟“星光大道”，展示先进典型事迹，激发职工工作热情和责任意识。在车间班组设立安全文化墙，在工作场所揭挂安全警示、危险标识、安全格言，让职工处处能看见、时时受提醒。根据长期在外流动作业的特点，搭建“云课堂”，研发涵盖16个工种的微信培训系统。组织创作《修路者之魂》《修路者之源》《修路者之脉》《修路者之声》等安全文化系列作品集和《为有严中安全来》安全漫画册，拍摄《梦在飞翔》《焊花铸就

微视频

《轨枕的诉说》

长轨长》《大机轰鸣青春扬》等安全宣传片，其中《轨枕的诉说》荣获学习强国平台“我爱我的祖国”微视频大奖赛三等奖。

（3）**发挥示范作用。**深挖“磨轨小分队”为高铁而战、与毫厘较劲的故事，被央视《新春走基层》栏目专题报道，其成员先后亮相央视舞台，用废旧钢轨制作的钢琴和编钟演奏乐曲，受到社会广泛关注。2020 年，作为智能交通领域的代表，参加央视《我的专业不太冷》节目。坚持每季评选“最美修路者”，定期评选十佳“优秀共产党员”“安全标兵”“红旗设备”，推行“一职多能”激励考核机制，先后涌现出 12 名省部级劳模及火车头奖章获得者、1 个全国工人先锋号、1 个江西省劳模创新工作室、1 个江西省工人先锋号。

广州局集团公司广州动车段党委
推进安全文化建设　筑牢安全生产根基

广州局集团公司广州动车段党委深入推进以精细管理、精准作业、精湛技术、精良设备、精彩人生为主要目标的安全文化建设，为确保动车组运行安全稳定提供了坚强的文化支撑。

（1）**坚持政治引领，凝聚安全思想共识。**利用党委中心组学习、党支部“三会一课”、班组政治理论学习等形式，深入学习习近平总书记关于安全生产的重要论述和对铁路工作的重要指示批示精神。挑选78名理论、青马、文艺骨干，组建16支宣讲小分队，排练快板、三句半、情景剧等职工喜闻乐见的文艺节目，深入一线生动解读安全理念、讲述安全故事。将安全文化建设内涵和安全警示案例纳入新职人员入路首课、三级安全培训和主题宣讲内容，利用“广州铁路”企业号持续推送安全生产知识、“安全预警人”先进事迹，有效强化了干部职工的安全意识。

（2）**坚持服务中心，提升安全保障能力。**将精细管理理念融入制度建设，按照段、科室、车间、岗位四个层面，建立健全安全管理制度26项，完善管理人员岗位履职清单399份，编制《岗位安全风险提示卡》573份，确保职工责任清晰、作业标准明晰。将抓“一人一事”思想政治工作和抓安全工作的思路融合，实行“一人一安全档案”，设置责任设备故障、发牌问题、惯性违章等记分标准，精准找出14名安全风险人员，进行重点教育帮促，带动全员按标作业，2022年职工惯性违章问题下降了34.7%。发挥“张金发党员攻关队”等党内品牌作用，针对影响安全生产的设备故障，由攻关队成员带头开展党内立项攻关，先后研发了动车组二级修安全卡控系统等95项

广州动车段班前安全宣誓

创新成果，有效提升了安全保障能力。

（3）**坚持以人为本，营造安全文化环境。**坚持安全文化建设与改善职工生产生活条件同部署、同推进，建成安全文化墙、安全格言大道等安全文化阵地，做到一车间一亮点、一班组一特色。深入开展“安全预警人”“粤动榜样”等评选活动，广泛选树宣传岗位标兵、安全能手等先进典型212名，激励干部职工立足岗位学先争优。坚持将文体活动与安全文化建设相结合，常态化开展职工合唱比赛、环段长跑等文体活动，以及职工集体生日、家属保安全等活动，鼓舞干部职工士气，凝聚共保安全合力。将岗位安全职责纳入职工入路、拜师、转干、班前一呼等“仪式教育”宣誓内容，以仪式感强化职工的安全意识，增强安全文化的引领力。

设计集团公司测绘院党委
深化安全文化建设　为高铁安全运营保驾护航

设计集团公司测绘院党委在安全文化建设中，专注高铁运营监测服务保障，着力提高铁路安全技防研发应用水平，为高铁安全运营保驾护航。

（1）**培育安全理念。**以中国铁路第一个深达811.86米的高铁控制测量基岩标为职工入路教育的第一课堂，组织新入路职工学习观摩，并采取现场集中讨论、中心组专题研讨、党支部主题党日学习交流等方式，总结提炼出“安全就是稳固，精准就是安全”的安全理念。广泛开展“安全风险大家谈”讨论会、“安全之我见”征文、“安全管理合理化建议”征集、“安全海报”创作等活动，教育引导干部职工深刻认识安全文化建设中的“深与精”“全与准”“生与安”的实践要求，不断增强安全责任意识，牢牢守住安全生产底线。

（2）**筑牢技术防线。**以推动“高精尖”控制测量技术在高铁运营监测中的系统应用为己任，依托“北斗”卫星、大数据、5G等先进技术，开发铁路（城轨）综合监测检测系统、铁路及周边环境变形监测系统，形成了以卫星区域判释、无人机临检、地面激光扫描验证等测绘手段为技术保障的“空天地三位一体”高铁运营监测技术体系，精准指导工务部门超前开展线路环境整治和轨道维护。结合高铁监测检测实践，主编、参编《运营铁路工程测量规范》《临近营业线施工监测技术规程》《轨道交通工程自动化监测数据技术规范》等技术标准，形成了监测技术系列成果。

（3）**强化成果转化**。着力服务铁路勘察设计、施工建造、运营维护全生命周期，将“安全就是稳固，精准就是安全”的安全理念贯穿始终，积极与11个铁路局集团公司开展监测检测技术合作，为多条铁路建立基于地理信息空间数据的“健康档案”，累计完成近10000公里的高铁监测检测工作。在服务好高铁运营监测的基础上，面向施工领域，全力推进新技术产品市场转化，形成了国铁集团内部

哈佳高铁北斗卫星检测点

延伸阅读

2022年，国铁集团宣传部、客运部、货运部联合印发《关于开展铁路服务文化建设示范点创建工作的通知》，确定政治引领优、服务理念优、服务制度优、服务技能优、服务环境优、服务品牌优、服务业绩优等7个方面创建标准，组织各单位广泛开展示范点创建，2022年命名了30个铁路服务文化建设示范点，以点带面推动铁路服务文化建设更好地融入中心、服务大局。

"人民铁道"全媒体专栏：《企业文化建设一线行·服务文化篇》

交流合作、铁路行业全局经营拓展的新局面，促进了多方参与、合作共赢，实现了经济效益和社会效益双提升。

（二）持续深化铁路服务文化建设

服务是铁路的本质属性。提升服务品质是满足人民群众美好出行需求、推进铁路高质量发展的内在要求。近年来，国铁集团党组持续强化服务文化建设，提升铁路服务品质，展示铁路良好形象，为推进货运增量行动、客运提质计划和复兴号品牌战略提供了文化支撑。"十四五"及今后一个时期，面对构建现代化铁路运输服务体系的新任务新要求，更加需要大力深化服务文化建设，全面提升铁路服务品质，切实增强人民群众的获得感、幸福感、安全感。

（1）践行服务理念。服务理念是服务文化的灵魂，是引领服务行为的航标，是决定服务质量的根本。随着中国铁路网尤其是高铁网日益延伸、硬件设施不断改善，满足人民群众对铁路服务的新期待，需要树立全新的服务理念，引领铁路服务提质升级。一是加强服务意识教育。深入学习领会习近平总书记关于"坚持以人民为中心的发展思想""人民至上"的重要论述，以及对铁路运输工作的重要指示批示精神，深入学习领会党中央、国务院关于国有企业发挥市场主体地位、服务党和国家工作大局、服务国家重大战略、服务经济社会发展的方针政策和决策部署，深入学习领会国铁集团党组关于完善适应市场、种类丰富、大众化、差异化的客运产品体系，到2025年要基本建成供需适配、保障稳定、内外联通、多方融合、智慧高效的铁路现代物流体系的部署要求，深入开展“人民铁路为人民”宗旨教育，对标世界一流服务标准，紧扣新时代运输需求多样化、个性化、智能化等新特征，引导干部职工转变服务观念，增强优质服务的积极性主动性。二是加强服务理念宣传。采取内涵解读、集中学习、媒体宣传等形式，深入宣传解读“人民铁路为人民”宗旨，“人享其行、物畅其流，安全优质、人民满意”等铁路服务工作重要理念，引导干部职工认清服务与铁路形象、服务与铁路经济效益、服务与铁路长远发展的关系，提升为旅客、货主提供优质服务的思想境界和内在动力。深入总结提炼符合单位实际的服务理念，广泛征集提炼源自服务实践、心系服务对象的服务信条、服务承诺，编发包含理念内涵、

客运服务技能培训

服务标准、文明礼仪、特色服务法等内容的服务文化手册，引导干部职工积极主动践行服务理念。三是加强主题实践引领。开展各具特色的主题实践活动，把“人民铁路为人民”的宗旨，“人享其行、物畅其流、安全优质、人民满意”的理念，体现在客运售票、乘降组织、站车服务及货运受理等服务岗位和服务过程，切实为客户提供优质服务。采取多种方式，及时掌握人民群众对铁路服务工作的意见建议，经常检视自身的差距和不足，推动干部职工优质服务、创新服务的意识全面强化。

（2）健全服务制度。服务制度是保证服务理念落实、规范职工服务行为的关键，必须结合时代发展要求，不断优化完善服务制度，充分发挥制度的导向约束作用。一是优化服务标准。着眼于推动服务理念融入制度，积极优化覆盖各层面、各岗位的服务标准和服务流程，不断完善服务监督、服务考评等各类制度办法，着力打造阳光透明的服务平台。二是完善服务举措。着眼于满足不同群体基本服务、普惠服务和多样化、个性化、智能化服务需求，积极健全各类便民利民服

中国铁路 95306 网站

务举措，丰富各类服务设施功能，培育一批特色服务品牌，不断优化服务环境、改进服务态度、提高服务质量。三是加强服务评价。着眼于让人民群众更满意，积极从人民群众视角审视客货服务中存在的问题和差距，运用客户座谈、问卷调查等方式，充分征求旅客、货主的合理化意见建议，开展自评互评、社会监督，针对性改进服务制度、创新服务举措，促进服务品质的提升。

（3）提升服务技能。服务技能是决定服务质量的关键因素。建设一支具有良好服务素养的职工队伍，是提升服务品质的必然要求，也是服务文化建设的基本任务。一是加强教育培训。加强职业道德教育，通过集中培训、道德讲堂等形式，强化干部职工的职业道德。以客货运规章制度、作业标准流程、应急处置措施为主要内容，大力开展服务新知识、新技能培训和岗位练功比武活动，规范职工服务行为。加强综合素质提升，抓好服务礼仪、服务心理、服务艺术的培训教育，不断提升服务能力。二是提升文化含量。适应多样化、个性化、智能化服务需求，采取一站式、无干扰、智能化等先进服务方法，为客户提供高品质的服务体验。积极学习借鉴其他服务行业服务技能，及时总结提炼铁路服务典型经验做法，形成优秀服务法、工作法，利用各种载体广泛宣传，为提升服务技能提供示范引领，推动服务岗位人员为客户提供更温馨、更便捷的服务。三是促进行为养成。适应新时代人民群众对铁路服务的新期待，完善各服务岗位的作业指导书，明确服务标准、服务流程，推动服务工作标准化、精细化。注重发挥激励考核作用，强化服务质量考核管理，通过社会监督、联挂考核、奖优罚劣，引导职工积极规范服务行为。

（4）优化服务环境。服务环境关乎人民群众的体验，是树立铁路良好形象的关键环节。推进服务文化建设，必须不断优化服务环境，努力让人民群众体验更美好。一是优化服务场所环境。科学合理布局客货服务场所，设置顺畅高效的服务流线，规范展示服务理念、服务标识，在售票厅、候车厅、营业厅等场所，有机融入时代元素、地域特色、民俗文化元素，营造方便快捷、舒适温馨、整洁有序的环境。加强站车文明环境建设，加大宣传引导力度，倡导文明出行，弘扬文明新风。二是拓展设施服务功能。从服务设施的设计、制造及技术改造等源头抓起，使铁路服务的硬件设施，既确保安全可靠、质量优良，又体现让旅客、货主满意的要求，让先进的服务设施更加人性化。积极依托 12306、95306 等客货服务信息系统，加大 5G、大数据、区块链、物联网等新技术应用，打造现代智慧铁路服务系统。三是加强客货服务宣传。充分运用路内外媒体开展形象宣传和营销宣传，大力宣传铁路为方便人民群众出行和发运货物推出的创新举措，大力宣传客货服务工作中涌现出的先进典型、服务品牌，展现“人民铁路为人民”的责任担当，赢得人民群众的支持和青睐。

铁路服务文化建设优秀案例

武汉局集团公司党委
抓好三个重点　创建“凤舞楚天”高铁服务品牌

武汉局集团公司党委着力培育“凤舞楚天”高铁服务品牌，通过抓品牌设计、抓日常激励、抓服务升级，打造了一张服务文化建设的亮丽名片。

（1）**抓好品牌设计**。立足“高起点、高品质、高辨识度”，结合荆楚文化楚凤图腾，对“凤舞楚天”服务品牌进行商标注册，努力在六年内“叫响武汉、走向全国”。持续健全完善品牌创建机制，形成完备的品牌理念、品牌形象、品牌标准、品牌创建流程，确保品牌创建系统化、规范化。按照以点带面、重点突破的思路，以在动车高铁、直达车打造“凤舞楚天乘务示范班组”为突破口，立标打样，示范推进，带动了一大批乘务班组服务品质的提升。

（2）**抓好日常激励**。坚持每季度开展“创建凤舞楚天品牌、争当武客金凤凰”评选，按照“安全生产、旅客表扬、群众认可”等项点和“凤凰”“银凤凰”“金凤凰”三个等级严格考评，调动起全员争先创优的主动性和创造性。加大先进典型培养力度，以服务明星李文莉命名“文莉劳模工作室”，常态化开展服务质量攻关，引导和激励职工学先进、赶先进，先后涌现出火车头奖章获得者熊艳、湖北省五一劳动奖章获得者屈培等一大批先进典型，培育了14个国家级、30余个省部级、70余个路局级先进集体。

“凤舞楚天”品牌标识

（3）**抓好服务升级**。开展“服务理念大家谈”“武客精神我践行”“服务质量攻关研讨”等活动，广泛征集和提炼服务岗位格言，深入开展业务培训交流，与路内外服务单位开展互学互访活动，提升职工的服务意识和服务能力。推出“高铁+”“高铁V旅”等4种特色服务法，以及“亲情呵护六当好”“暖心关怀五个一”“真诚透明四公开”等特色“阳光服务”，其中开辟绿色通道转运活体器官、邀请“时代楷模”张富清在高铁上讲“流动党课”等服务事迹登上中央电视台和《人民日报》70余次。

昆明局集团公司党委
让“金花”服务品牌开遍西南边陲铁道线

昆明局集团公司党委坚持把打造“金花”服务品牌作为深化服务文化建设的重要抓手，以文化的力量助推客运服务水平上台阶。

（1）**突出地域特色，明确创建思路**。抓住铁路服务文化与民族文化的契合点，把创建方向定位在“金花”文化特色和形象上，确保品牌有温度、接地气，知名度高、亲和力强。在管内二等以上车站及所有列车，同步打造“金花”服务品牌，实现品牌名称统一；制作体现铁路特色和云南地域文化元素的品牌徽标，实现品牌标识统一；分别确定站、车服务内容，实现服务项目统一。抓好示范推进，确定“一段一站一车一线”，立标打样，示范推进。一段，即昆明客运段，打造高素质“金花”服务团队；一站，即昆明站，打造民族文化精品车站；一车，即昆明至丽江的民族文化列车，打造移动文化长廊；一线，即昆明至丽江沿线，建设民族团结进步和谐线。

（2）**紧扣“金花”特点，落实创建措施。**结合“金花”美好寓意和铁路服务工作特点，提炼出“热情、温馨、美丽、幸福”的“金花”品牌服务理念。结合地域和民族文化特点，以云南自然风光、民族图腾等元素装饰车站和列车，组织“金花”文艺小分队进站上车与旅客互动联欢。丰富“金花”品牌服务内容，组成“无障碍沟通服务

中老铁路“友谊号”列车“金花”乘务员表演孔雀舞

队”，在客流高峰时段增派“爱心小侦探”，为旅客提供个性化服务。发挥“金花”品牌集群效应，以“金花”品牌全覆盖为目标，打造系列子品牌，先后与各州市联合开行“大理号”“石林号”等8趟民族文化列车，打造了“金花·彩云之窗”“金花·玉龙”等服务岗台，培育出“民族金花”袁佳等一批先进典型，总结推广了“四心”售票、“胡氏六招”等一批品牌工作法。

（3）**突出制度保障，形成创建合力。**搭建职工提素平台，建成客运系统实训基地，邀请英语、急救护理等方面的专家进站上车对职工进行培训，培育了“礼仪金花”“技能金花”等各具特色的领军人物，带动了客运服务质量的提升。完善创建考评制度，将“金花”品牌创建纳入党建工作考核，组织各单位每月开展“金花（星级）职工”评比，根据岗位积分评选一至五星级“金花”，并对照星级标准确定职工的工资和奖金收入。定期召开现场会、联检互评会、季度点评会，组织开展“千人评站、万人评车”活动，促进品牌创建工作不断深化。

兰州局集团公司党委
打造优质服务品牌　释放品牌集群效应

兰州局集团公司党委在服务文化建设中强化品牌引领，坚持在抓好系统推动、提升品牌品质和发挥集群效应上下功夫，取得良好社会效益和经济效益。

（1）**聚焦谋篇布局，抓好系统推动。**把人民对美好生活的向往作为品牌创建目标，明确“一抓精神提炼、二抓典型选树、三抓岗位践行”的品牌打造思路和方向，开展服务理念征集提炼和宣传教育，以“送课下一线”为载体，面向职工宣讲1500余场次，组织职工围绕“为谁服务”“如何服务”“如何提升服务品质”等主题开展讨论，提炼出“始于需求，终于满意”“货主至上、服务一流、诚实守信”

等覆盖客货运的服务理念。按照“创建打造一批、影响带动一批、规划储备一批”思路，每年突出一个重点，分领域、分阶段开展服务品牌集群打造行动，培育了天水站“东方微笑”、兰州货运中心“雄关先锋”等品牌；分领域、分地区开展片区品牌打造经验交流会，推广兰州站“亲情 008”、银川车务段“凤鸣塞上”、陇西车务段“小慢车”等一批口碑好、知名度高、社会影响力大的服务品牌经验，带动了兰州局集团公司整体服务品质的提升。

（2）**聚焦塑形塑心，提升服务品质。**坚持“请进来”和“走出去”相结合，分批组织窗口单位职工到东部地区高铁站、东方航空公司观摩学习，邀请礼仪专家、民航空乘、部队教官对职工进行服务礼仪、职业素养培训。提出数字化管理理念，将列车库内、始发、途中、终到等 30 多项作业环节分解到分钟，将卧具叠摆、备品摆放等 40 多项备品定位细化到厘米，达到了工作标准化、作业精细化。发挥甘宁两

兰州局集团公司“飞天馨路”服务品牌乘务员为旅客服务

省区文化资源丰富的区域优势，将丝路文化、敦煌文化、伏羲文化融入站车内饰和服务设施，打造"两点一存·红色励志"主题旅游线，让广大旅客感受到浓郁的民俗特点和人文气息。针对不同旅客群体，改进服务方式，积极做好"四区一室"（旅客候车区、商务座候车区、军人候车区、儿童娱乐区及母婴室）建设，引入"小龙人"智能机器人，用技术赋能服务品质，提升旅客出行体验。

（3）**聚焦品牌引领，发挥集群效应。**认真总结提炼和宣传推广客货运输服务品牌的典型做法和先进经验。"环西部火车游"品牌集合"飞天馨路""向阳花"等品牌优势，打造"星级酒店住宿车"，受到广大旅客青睐。汲取"丝路驼铃"品牌创建经验，打造"雄关先锋"服务文化品牌，吸引了部分新增货源和大客户回归。发挥"双微"平台矩阵作用，推出《请等一等"走得慢的人"》等10部微视频，其中微电影《每个人都了不起》入围由中华全国总工会、中央网信办主办的2021年"网聚职工正能量、争做中国好网民"优秀作品评选。树立"营销化宣传、宣传化营销"理念，创新旅游产品，开行"环西部火车游"春游专列、"金秋胡杨林号"、红色研学专列等品牌列车，邀请中央电视台、新华社等权威媒体和地方主要媒体记者等开展"微直播"，产生了良好反响。

北京局集团公司石家庄货运中心党委
建设服务文化　育人兴企树形象

北京局集团公司石家庄货运中心党委坚持以文育人、以文兴企，积极推进服务文化建设，教育引导干部职工把"人民铁路为人民"的宗旨践行到企业高质量发展中，实现了社会效益和经济效益双丰收。

（1）**以服务文化育人，引导职工提素质。**坚持用优秀服务文化引领干部职工增强服务意识、提高服务技能。组织开展"服务与效益的关系”大讨论，举办“转变思想观念、提高服务质量”主题征文、“感受温馨情、服务伴我行”演讲比赛，开展对照理念找差距和服务格言谚语征集等活动，厚植“客户至上、用心服务”的服务理念。制定《服务行为准则》，推行20句文明用语，开展十禁忌行为纠正活动，促进职工养成良好职业素养。推广“班前集中学习”视频产品，形成“一诵、四学”服务标准教育程序，命名一批“优质服务法”“营销工作法”，坚持季评“服务明星”，年评“十佳服务标兵”，坚持举办先进典型事迹巡回宣讲会，培养了一支学习先进、崇尚服务、素质过硬的职工队伍。

（2）**以服务文化兴企，助推企业增实力。**坚持把服务文化有机融入生产组织、制度建设和发展规划中，助推服务升级、管理提质。建设集需求受理、货票交付、税票交接等功能于一体的综合服务中心；把多个窗口的业务整合到一个窗口，22个营业部实现“一站式”服务。根据客户需求调研征集到的368条建议，修订货运服务相应标

石家庄货运中心高邑货场装运集装箱

准36项，建立服务质量自控、监督评价等制度11个，形成了较为完备的服务标准体系；召开现场会推广4个服务文化示范点经验做法，推动各网点“齐步走”。适应现代物流发展大势，积极推进服务转型，搭建空铁、海铁、公铁海多式联运物流平台，开发物流信息查询系统，发展物流总包业务59项，推出城市配送等特色物流产品9个，努力满足客户多样化运输需求。

（3）**以服务文化塑造形象，展示铁路新担当。**坚持在服务文化建设中培育干部职工报国为民情怀，树立新时代铁路好形象。推出“大数据”服务，为客户选择运输方式提供数据支撑；拓展“顾问式”服务，帮助14个客户分析运输方案，提出优化改进建议32条；提供“差异化”服务，为21个中小企业量身定制服务策略，实现路企双赢。在5个营业部常态化预留货场空间，与3家汽运公司签订应急运输协议，制定覆盖150家商超的配送路线，确保疫情发生后民生物资运输畅通。深入挖掘干部职工在急救物资运输、电煤保供、服务企业中的感人事迹，被中央媒体报道50余次。

呼和浩特局集团公司呼和浩特货运中心党委
打造沙良物流园服务品牌　努力让客户更满意

呼和浩特局集团公司呼和浩特货运中心党委精心打造沙良物流园服务品牌，带动中心货运服务水平不断提升，努力让客户更满意。

（1）**抓实教育，让服务理念再强化。**开展服务提质大学习大讨论，组织干部职工深入学习领会“以人民为中心”的发展思想，以及“人畅其行、货畅其流、安全优质、人民满意”等重要工作理念。按照领导班子、管理干部、一线班组三个层面，分别确定主题，深入开展讨论，引导干部职工主动查找服务意识欠缺、服务标准不高等问题，进一步增强优质服务的使命感和责任感。举办货主座谈会2场，发放调查问卷330余份，查摆出服务态度、服务质量等8类问题，征集72条合理化建议，逐项研究制定整改措施。经过广泛征集、全员研讨，培育形成了“让客户更满意就是我们的服务追求”的货运服务理念，“受理就是责任、交付就是信誉”的物流园服务理念等。

（2）**系统梳理，让服务制度更科学**。组织货运中心业务部门和沙良物流园对服务管理制度进行全面系统梳理，细化各岗位服务标准和流程，修订完善5个主要工种103项岗位职责，完善19个作业指导书。制定职工行为规范，围绕岗位履职、工作环境、仪容礼仪等5个方面，形成46条具体规定和30条服务规范用语，引导职工文明服务、热情服务。指导沙良物流园结合实际，细化礼貌服务“五心、五声、四要求”标准，并以班组为单元、以月度为周期，开展精准服务专项培训。深入实施职场环境标准化规范化管理，大力推行定置管理、清洁管理。建立货运服务全流程评价体系，定期开展服务质量评价并纳入绩效考核，促进服务质量不断提升。

呼和浩特城市陆港“核心”——沙良物流园

（3）**以点带面，让服务品牌更闪亮**。发挥沙良物流园“全路五四红旗团支部”、内勤班组“全路青年文明号”等优质品牌的示范引领作用，积极开展优质服务竞赛活动。每月评选“呼和货运之星”，形成点亮一颗星、照亮一大片的效果。组织货装班组针对货物卸车不及时、货主车辆周转时间长的问题，开展立项攻关，合理调整班制，优化激励分配机制，制定16项提升效率措施，使集装箱汽车运输由原来每天往返2～3趟增加至3～4趟。组织党员营销组根据客户需求，开展“一企一策”“一品一案”个性化服务，开发多个35吨敞顶箱发运焦炭和电煤、罐式集装箱发运水泥等“公转铁”“散改集”项目，得到了客户认可和称赞。

成都局集团公司兴隆场站党委
深化货运服务文化建设　为国际班列开行提供坚强“软实力”

成都局集团公司兴隆场站党委坚持在服务理念、服务品牌、智慧物流等方面深化服务文化建设，为中欧、西部陆海新通道、沿江“三大班列”高质量开行提供有力文化支撑。

（1）**强化服务意识**。立足“三大班列汇聚点”这一独有区位优势，聚焦强化“‘一带一路’新支点、互联互通新枢纽”“中欧班列桥头堡、‘一带一路’国际村”思想认识，组织班子成员分工包保宣讲、青马讲师分片宣讲20场，面向干部职工讲清服务文化建设的重要意义、内涵要求、具体举措。通过党支部“三会一课”、班组学习、“兴站微家园”，广泛开展服务意识宣传教育，引导干部职工领会并践行“感悟客户需求、超越客户期待”服务理念和职工“三要三不”行为规范。制定货运服务质量管理实施细则，实施装卸服务质量红黄牌警告，分级管控5等19类服务质量风险，同时建立货装客户服务群，加强货运监察督查，促进了队伍服务意识的提升。

（2）**打造服务品牌**。在全国第一趟中欧班列开行站团结村站，打造党建引领“丝路通”班列服务品牌，提炼“畅通中欧班列”精细组织法，建立国际班列开行协调联动机制，做到“三个优先”“四个精确”，保障了国际班列优质高效开行。深化“莫拥吉巧装满载团队”品牌建设，总结提炼“运输要求为您想、运输方案为您做、运输成本为您省、运输质量为您控、运输安全为您保”的“五为”服务理念，引导职工主动优质服务。依托“卢玲先锋岗”，总结提炼“倾听、倾情、倾力”服务精神和“迎、询、精、全、至”服务方法，提升服务质效，助力中欧班列（重庆）重箱折列在全国率先突破10000列。

（3）**建设智慧物流**。组建智慧物流创新攻关小组，在95306系统基础上，建成团结村、白市驿站货场智能门禁和平过道自动防护系统11套；研发货检作业个人智能系统，实现“人检过程实时定位、音视频实时录传、整装作业协同防护、呼叫求救一体集成”等功能；探索构建便捷发运、装卸、取送、查询货运物流系统，为持续提升货

兴隆场站服务明星卢玲（右一）为客户介绍货运产品

运服务效率提供科技支撑。其中，服务中欧班列优质智慧开行的做法等登上中央电视台和《人民日报》180余次。

（三）持续深化铁路经营文化建设

加强经营文化建设，以铁路文化软实力增强市场竞争力，既是铁路履行政治责任和社会责任的必然要求，也是铁路企业高质量发展的迫切需要。“十四五”及今后一个时期，铁路经营文化建设的重点任务是深入贯彻习近平总书记关于深化铁路改革发展、中国高铁、增加铁路运输量的重要指示精神，坚持在树牢经营理念、强化营销宣传、打造经营品牌、提升创效能力上下功夫，推动铁路由传统运输生产型企业向现代运输经营型企业转变，不断增强铁路企业市场竞争力。

（1）树牢经营理念。紧扣铁路改革发展实际，广泛开展经营形势任务宣传教育，引导干部职工牢固树立“以市场为导向，以效益为中心”的经营理念。一是加强经营形势教育。采取集中宣讲、主题研讨等多种形式，加强经营形势任务教育，宣传铁路经营面临的挑战和机遇，解读国铁集团党组作出的决策和部署，讲清各级组织以及干部职工承担的使命和任务，教育引导干部职工不断强化市场意识、竞争意识和效益意识，形成勇闯市场、开源节流、节支降耗的思想共识。二是抓好经营理念培育。着眼于树立“以市场为导向，以效益为中心”的经营理念，发动干部职工结合系统、单位和岗位实际，广泛征集提炼贴近市场、贴近客户的经营格言、警句，在主要工作场所揭挂；组织铁路文艺骨干，创作一批体现经营理念的微电影、报告文学、公益广告等文艺作品，实现经营理念具体化、形象化。三是开展主题实践活动。以推动经营理念入脑入心、见诸行为重点，围绕增运增收、节支降耗等重点任务，分系统开展特色鲜明的主题实践活动，并结合实践过程中发现的问题，及时组织灵活多样的分享讨论，激发全员践行经营理念的积极性和主动性。

（2）强化营销宣传。以扩大铁路企业知名度，营造良好经营环境为目标，加强铁路经营文化传播，打好营销宣传战役，把声势造起来、把形象树起来、把品牌立起来、把市场带起来。一是完善营销宣传网络。整合铁路报台网微端屏等全媒体资源，打造“铁字号”营销宣传平台，把新闻宣传与营销宣传结合起来，主动与地方政府合作，借助各级媒体平台，结合地方民俗节日、小长假等重要节点，积极参加地方商展、大型节事等宣传推广活动。二是丰富营销宣传内容。讲好铁路创效故事，大力宣传铁路践行经营理念，以及为服务人民群众和经济社会发展所作的不懈努力，大力宣传干部职工改革创新、优质服务、节支创效的生动事迹；讲好铁路品牌故事，加强铁路资讯和客货运输新产品、便民利民服务新举措的宣传推介，提高铁路品牌的美誉度和知名度。三是创新营销宣传手段。加强分析和策划，结合客户在价格、收益、服务等方面的需求，制定分众化营销宣传策略，推出精细化、个性化、人性化的宣传产品。强化“互联网+”思维，拓展12306旅客综合服务平台和95306物流服务综合平台的服务功能，推进高铁网与互联网“双网融合”。加强与网络宣传主管部门、重点网络媒体的沟通联系，共同策划开展网民体验等网络营销宣传和推介攻关活动，积极开展口碑营销、案例营销、直播营销，扩大营销宣传的覆盖面和影响力。

（3）打造经营品牌。积极培育铁路经营品牌，对内引领干部职工经营行为，对外塑造铁路良好经营形象，不断提升铁路市场竞争力。一是培育品牌。坚持将经营理念融入品牌建设，精心培育一批社会知名度高、影响力大的铁路经营品牌。区分不同层面，设计打造集中国高铁、现代物流、客运服务、商贸旅游、电子商务等为一体的“铁字号”品牌集群。结合国家实施“一带一路”倡议、新型城镇化建设和铁路“走出去”战略，精心打造京沪高铁、12306、95306等经营品牌，推动中欧班列、西部陆海新通道班列及中老铁路国际货物列车成为世界知名铁路物流品牌。二是丰富内涵。结合历史文化传承与行业特色，特别是地域和民族文化特点，精心设计品牌名称、品牌内容、品牌标识，提炼品牌经营理念，提升品牌文化内涵。结合区域经济社会发展、客户需求，丰富品牌内容，融合社会资源，叫响铁路经营品牌。三是发挥优势。发挥高铁一日往返、夕发朝至等品牌优势，打造都市通勤圈、高铁出行圈；发挥不同速度等级高铁优势，促进高铁干线间产品无缝接续，增强与市场需求的匹配度；发挥中欧班列物流品牌优势，大力发展铁路集装箱运输，提高专业物流发展水平；发挥货运点多面广的优势，大力发展重载化、快捷化、直达化的货运组织方式，打造高效集约的铁路货运服务体系；发挥“铁路+旅游”定制特色产品优势，打造主题旅游品牌列车，开发经典旅游线路，推动铁路与文化、旅游等深度融合发展。

（4）提升创效能力。干部职工是企业经营创效的主体，要以提升干部职工的创效能力为目标，培育经营管理人才，营造浓厚创效氛围。一

济南局集团公司“国铁国潮”文创产品

哈尔滨国铁科技集团股份有限公司在科创板上市

是加强经营管理人才队伍建设。以增强市场意识、经营意识和市场运作能力、资本运作能力为核心，建设一支懂经营、善管理、高水平的管理人才特别是经营管理人才队伍，培育壮大铁路企业职业经理人队伍。弘扬企业家精神，造就一批具有国际视野、战略眼光、开拓精神、创新能力和高度责任感的优秀铁路企业家队伍。二是提升经营管理水平和经营技能。全面落实国铁企业改革三年行动方案，围绕推进资产资本化股权化证券化、股权多元化改革、市场化重组整合、厂办大集体改革等重点任务，加强经营管理、经营开发、市场营销、法律法规、财务管理等方面的专业培训，加强经济规律、市场规律和经营管理规律研究，进一步优化管理层知识结构，提高适应市场、捕捉商机、开拓创新、防范风险的能力。加强全员经营知识、市场营销、专业技能等培训教育，引导广大职工转变观念、改进方法、提高效能，为企业经营创效多作贡献。三是营造全员创效的浓厚氛围。广泛挖掘、选树、宣传各类增运增收、节支降耗先进典型和工作经验，持续开展技术创新、合理化建议征集、主题攻关等群众性经营文化创建活动，搭建职工岗位创新平台，鼓励职工从本职岗位做起，从身边的小改小革做起，全力以赴开拓市场、创收创效。

铁路经营文化建设优秀案例

上海局集团公司党委
精心打造“南湖·1921”红色旅游列车

上海局集团公司党委依托上海、浙江嘉兴这两个具有标志意义的中国革命原点，将火车交通功能和文旅产品研、教、游功能相融合，深度开发沉浸式红色文旅产品——“南湖·1921”红色旅游列车，成为传承红色基因的有效载体，实现了社会、经济等多种效益的叠加，

青马讲师为旅客讲解红色历史

有效推动了“铁路＋文旅”产业的融合发展。

（1）**融合打造“沉浸式”红色教育平台。**参照“一大”召开时期的历史资料，在列车上设立“火车邮局区”“火车学习角”，在车厢内展陈大量老物件，拉开了“新时代重走一大路”红色旅游序幕，增强了产品的历史代入感和厚重感。无缝衔接巴士、地铁、游船等不同交通工具，串联起上海中共一大会址、中共一大纪念馆、上海老北站旧址、嘉兴火车站复建老站房、狮子汇渡口旧址、南湖红船和革命纪念馆等红色景点，设计出“革命启航”等一日、二日游红色文旅产品以及“车票＋N”半自由行产品。在1、2号车厢布置20世纪30年代南湖游船老船票、邮票，展出上海老北站月台、嘉兴火车站和南湖风景区烟雨楼老照片、书籍剪影、列车时刻表、复原台灯等老物件，让旅客一上列车就能探寻红色印记。

（2）**创新打造“流动式”党课讲授平台。**深入挖掘中共一大路上的历史故事与铁路革命历史，邀请铁路内外专家、教授、青马讲师在列车上为旅客现场讲授《长三角铁路革命史话》《建党精神》等专题党课。与衢州市8090新时代理论宣讲团、通化杨靖宇干部学院、上海同济大学、上海交通大学等单位合作，录制《铮铮誓言，薪火相传》《百年京张路，一起向未来》等22节微党课，在列车小桌板上张贴二维码，方便旅客用手机扫码听课，轨道上的流动党课受到了广大旅客的普遍欢迎和好评。2021年，《红色梦想起航之旅—“重走一大路·共温红船情”》主题党课，入选上海旅游行业协会十大红色实景党课。

（3）**精心打造“立体化”经营创效平台。**融合“南湖·1921”红色旅游列车、长三角铁路、中共一大、嘉兴南湖红船等文化元素，精心设计制作“南湖·1921”首发纪念车票等周边文创产品，并引进南湖景区文创产品进行集中展示和销售。依托火车邮局区域开展“穿越时空的信件”“红色家书”等主题体验活动、文创设计活动，实现了社会效益和经济效益双丰收。经过两年的实践探索，“南湖·1921”红色旅游列车已经成为加强路地合作、践行政企社会责任的重要载体，成为连接沪嘉两地的纽带，有效促进了两地的人文和经济交流。据统计，“南湖·1921”红色旅游列车项目每年直接营收可达2000万元，带动两地文化旅游消费2250万元，为推动两地经济社会发展作出了积极贡献。

南宁局集团公司党委
打造“铁潮”文创品牌　探索发展经营文化新领域

南宁局集团公司党委认真贯彻落实《铁路文化创意活动管理暂行办法》，着力打造“铁潮”文化创意品牌，为国铁企业经营文化建设和发展铁路文化创意产业进行了有益探索。

（1）**传承“铁”文化，突破新工艺。**突出铁路历史文化、发展成就、创新成果三大主题，运用“0号”机车、铁路制服、铁路行车标志、复兴号动车组等铁路文化元素，开发工艺美术品、家居生活用品、旅行生活用品、办公文化用品、网络文化艺术产品等30余种铁路文创产品。2021年，企业订单销售达到100万元。与广西当地民间技艺、非物质文化遗产等传统手工艺工作室合作，用编织、刺绣、皮艺等传统工艺制作“铁字号”文创产品，促进铁路文化跨界融合。

微视频

《“铁潮”文创故事》

（2）**统筹“铁”资源，凝聚大合力**。在铁旅公司成立策划推广部，在全局广泛挖掘21名青年创意人才，组建设计团队。定期举办“青创先锋”创新创效大赛，广泛征集创意作品，以买断或计提销售利润分成方式取得版权。联合高校共同打造文创孵化中心，建立设计人才库、作品库，征集设计灵感及作品，缩短设计周期，实现资源共享。打造“社交媒体+电商”网络销售模式，开设淘宝旗舰店、抖音商城、微信微店，依托“南宁铁路”头部账号开展营销宣传，打造“动姐带你去旅行”“小鹿姐姐”等铁路“网红”直播带货，形成融媒体营销矩阵。在国铁商城开通销售渠道，在线下打造体验店，投放自助售卖机，提高文创产品知名度。

（3）**明确“铁”目标，寻找新市场**。在开展文体活动时，有意识地采用铁路文创产品作为活动用品，如网络微春晚、季度干部职工政治理论网络答题、《安全生产法》学习问答等活动，以“铁潮”盲盒、复兴号行李箱等产品为活动用品，受到了干部职工的好评。采取问卷调查、座谈讨论等方式，了解旅客需求，针对性设计具有铁路特色的U型枕、充电宝、充电线等文创产品，受到了广泛欢迎。连续两年参加中国国际服务贸易交易会、中国北京国际文化产业博览会和广东文旅产业发展暨文旅推介大会，扩大了铁路文创品牌的影响力。

兰州局集团公司党委
持续提升“环西部火车游”品牌影响力

兰州局集团公司党委加强“环西部火车游”铁路旅游主题推介，以文化软实力提升品牌影响力和市场竞争力。2021年，“环西部火车游”主题推广营销活动入选国内旅游宣传推广典型案例。

（1）**抓全员教育聚共识**。持续深化形势任务教育，以“认清形势、

“环西部火车游”专列工作人员开展品牌推广

坚定信心”“坚定必胜信心、全力抓好当下”等为主题，常态化开展学习讨论，广泛征集提升服务品质、改善经营行为的意见建议，弄清“市场要什么”“我们有什么”“差距在哪里”。在职工作业区展示经营理念、营销法则、营销案例、优秀作业法等，使职工在潜移默化中提升市场意识和竞争意识。按照揭挂一套服务指南、张贴一条服务标语、展示一本宣传折页、播放一部宣传视频、设置一册客户“留言簿”的“五个一”模式，打造温馨美好的营业部文化环境。加大经营创效与职工收入挂钩力度，制定“跳起来才能够得着”的经营目标，实现“人人都是经济增长点”的目的。

（2）**重需求导向提品质**。开展分层面研讨协商，确定“高端化发展、差异化服务、多元化创效”的品牌定位，着重从产品名称、广告语、外观识别等5个维度，实施文化策划、包装、展示，努力提升文化品位。围绕“一年培育市场，两年形成影响，三年收到效益”的发展战略，打造“环西部火车游”营销中心，开发甘青大环线、东南西北环线等6条精品线路。创新丰富专列游、包车游、高铁游等旅游产品，开发线路产品87个，其中专列产品16个，春游线路产品25个，红色旅游线路产品35个，包车及自由行线路产品11个，形成覆盖西部、辐射全国、种类齐全的产品体系。

（3）**树品牌形象展风采**。对“环西部火车游”专线列车进行全面升级，提供书吧、健身等特色服务，使其成为“流动的星级宾馆”；把丝路文化融入乘务服装、卧具备品、列车装饰，使其成为“流动的文化展馆”；创新“赏丝路美景、品特色美食”旅行模式，组织文艺小分队把《大梦敦煌》《飞天花雨》等西域风情节目搬上列车，使其成为“流动的旅行驿馆”。加强与新闻媒体、地方文旅部门的沟通联系，配合甘肃省文旅厅举办2场“环西部火车游”产品新闻发布会，推介“金色胡杨游”“锦绣陇南游”等6条旅游产品和“陇南直通车”

系列产品。开展品牌设计大赛，以玉如意、动车、沙漠绿洲为“环西部火车游”的LOGO火遍广大旅客和干部职工朋友圈。“环西部火车游”“重温红色历史·传承奋斗精神”红色旅游专列入选“中国旅行社协会百条红色旅游精品线路”。

延伸阅读

为切实加强铁路普法工作，提升铁路依法治企水平，国铁集团出台《铁路法治宣传教育第八个五年规划（2021—2025年）》，从提升铁路全员法治素养、加强铁路法治文化建设、推进普法与依法治企实践有机融合等7个方面，对“十四五”时期铁路法治宣传教育进行了安排部署，推动铁路法治宣传教育更加贴近实际、贴近生产、贴近生活。

（四）持续深化铁路法治文化、创新文化、网络文化建设

铁路改革发展的深入推进，对依法治企、创新发展、网络建设等提出了新的更高要求。我们必须持续深化铁路法治文化、创新文化、网络文化建设，打造铁路企业文化建设集群，更好地推动铁路高质量发展。

（1）持续推进铁路法治文化建设。认真落实《铁路法治宣传教育第八个五年规划（2021—2025年）》，坚持在尊法、学法、守法、用法上下功夫，努力建设与现代企业制度要求相匹配的法治企业。一是引导干部职工严格尊法。引导各级干部带头尊重法律、敬畏法律、崇尚法律，示范引领职工筑牢“法律红线不触碰、法律底线不逾越”的“法治安全墙”，时刻谨记“有权必有责、用权受监督、违法必追究”，切实把法纪铭记于心、让法治观念在头脑中扎根。二是引导干部职工认真学法。深入学习习近平法治思想，加强宪法学习宣传，深化对《中华人民共和国民法典》《中华人民共和

▲《民法典与铁路相关重点内容解读》

国公司法》《中华人民共和国劳动法》《中华人民共和国安全生产法》《中华人民共和国铁路法》《铁路安全管理条例》等法律法规的学习。全面落实领导人员旁听庭审制度，加强物资采购、工程建设、经营开发、客货服务等岗位人员法治教育，提升依法经营和服务能力。三是引导干部职工坚决守法。创新法治宣传教育方式，实行“谁管理谁普法”和“谁服务谁普法”责任制，组织法律知识竞赛、法治书画展览等文化活动，探索开展智慧普法，利用微博、微信、微视频等媒介，推行“互联网+铁路法治宣传”，深入挖掘宣传法治国铁建设先进事迹和典型做法，让干部职工在寓教于乐中增强法治意识。综合运用各类媒体平台，做好法治文化宣传，在重大节庆日、法律法规实施日等时间节点，开展法治文化下基层等群众性文化活动，加强基层法治文化阵地建设，因地制宜设置法治“微景观”，营造浓厚的法治文化氛围。四是引导干部职工善于用法。依法完善现代企业制度，健全权责法定、权责透明、协调运转、有效制衡的公司治理机制，深入推动法律事务管理与安全、经营管理有效融合。健全重大决策法律论证机制，通过对重大经营管理事项进行合法性、合规性审查，防范企业决策法律风险。领导干部要做尊法、学法、守法、用法的表率，充分运用法治思维和法治方式深化改革、推动发展、化解矛盾、维护稳定、应对风险，引导干部职工树立自觉守法、遇事找法、解决问题靠法的思维方式和行为习惯，塑造中国铁路良好法治形象。

（2）持续推进铁路创新文化建设。推进铁路高质量发展，必须深入贯彻落实国家创新驱动发展战略，把创新作为第一动力，不断提升创新能力、完善创新制度、优化创新环境，充分激发干部职工创新创造活力。一是提升创新能力。加强领导班子创新能力建设，完善领导干部政绩评价体系，把是否具有开拓创新能力作为考核领导干部能力素质的重要标准，把是否取得开拓创新成效作为评价领导班子工作业绩的基本要素。加强创新型经营管理人才和专业技术人才能力建设，紧扣创新创效，抓好重点企业经营管理者的素质培养。加强一线职工创新人才能力建设，弘扬工匠精神和创造精神，完善高技能人才评选表彰制度，培育一批有绝活的技能大师，推广以职工名字命名的先进操作法，组织评选首席工人技师。加强青年大学生早期培养，创新专业人才培养模式，拓展专业人才培养渠道，提高培训的针对性和有效性，努力造就一批德才兼备、技术一流的专业领军人才。二是完善创新制度。将创新要求融入制度建设，健全以创新能力、质量、实效、贡献为导向的科技人才评价体系，鼓励形成有利于创新创效的价值导向。积极推进“三项制度”改革，形成尊重劳动、尊重知识、尊重人才、尊重创造的激励分配导向。三是优化创新环境。坚持不拘一格助力创新，培育适度冒险的精神，建立宽容失败的工作导向，在干部职工取得创新成果时及时

延伸阅读

为深入贯彻落实习近平总书记关于科技创新的重要论述和对铁路工作的重要指示批示精神，全面提升铁路科技实力和创新能力，加快实现高水平科技自立自强，推动铁路高质量发展，国铁集团出台《“十四五”铁路科技创新发展规划》，明确了推进川藏铁路重大科技攻关、组织实施CR450科技创新工程、深化智能铁路技术创新等9大重点任务，持续拓展科技创新的广度和深度。

"最美铁路人"、武汉局集团公司金鹰重工工程机械研究院党支部书记、副院长王江（右三）带领研发团队研究技术难题

进行精神和物质奖励，在创新实践遇到挫折失败时及时给予关心包容，同时积极开展形式多样的创新活动，鼓励和支持一线职工提出"金点子"、推出"微创新"，营造鼓励创新的人文环境。四是培育创新成果。加快推动铁路高水平科技自立自强，组织开展中国高铁技术自主创新实践研究，围绕川藏铁路科技攻关、CR450 科技创新工程、智能铁路技术创新，加强原创性、引领性、前瞻性技术攻关；持续深化铁路关键领域应用技术创新，加快推进 95306 升级、运输调度指挥平台等信息化重点项目建设，深化高铁集装化快捷运输、多式联运、冷链运输等货运技术攻关和专用装备研制，加快数字铁路建设，加强网络安全和信息化建设；充分发挥铁路科技创新领军企业作用，全面塑造铁路发展新优势。

（3）持续推进铁路网络文化建设。当前，网络无处不在，无所不及，无人不用，已经成为重要的信息传播平台和宣传思想文化阵地。谁在文化领域管好、用好互联网，谁就掌握了文化传播的主动权。必须坚持正能量是总要求、管得住是硬道理、用得好是真本事，落实《“十四五”铁路网络安全和信息化规划》，持续深化铁路网络文化建设，使互联网这个最大变量变成推动铁路高质量发展的最大增量。一是坚持正能量是总要求。做强网络正面宣传，旗帜鲜明坚持正确政治方向、舆论导向、价值取向，让网络释放更多正能量。要建好阵地，深入推进铁路媒体融合发展，健全铁路三级融媒体机构，打造标准化融媒体工作室，做强做优做大铁路主流媒体平台，提升传播力、影响力、感召力、公信力。加强优质内容供给，紧密围绕国家发展战略、铁路发展成就、职工精神风貌，创作推出网络正能量作品，讲好铁路网络故事。二是坚持管得住是硬道理。严格贯彻“两个所有”要求，加强网络平台监管，落实铁路新媒体平台、互联网工作群组管理等制度办法，把所有从事新闻信息服务、具有媒体属性与舆论动员功能的网络传播平台和相关业务人员都纳入管理范围，实现平台人员管理全覆盖。严格内容审核、发布制度，确保信息发布正确、规范。加强网络舆情监测，及时发现敏感舆情，做好舆情引导。加强互联网法治教育，引导干部职工清醒认识

延伸阅读

为进一步加强网络文明建设，国铁集团文明委印发《贯彻〈中共中央办公厅、国务院办公厅关于加强网络文明建设的意见〉措施及分工方案》，明确了深化习近平新时代中国特色社会主义思想网络传播、运用互联网推进马克思主义大众化传播、创新开展网络正面宣传等14条措施及分工，提出将铁路单位文明用网、铁路干部职工文明上网情况纳入铁路系统文明单位创建内容，切实加强铁路网络文明建设，提升网络文明素养。

网络不是法外之地，做到文明上网、理性表达。三是坚持用得好是真本事。借助全媒体矩阵传播优势，运用干部职工喜闻乐见的接受方式，及时提供真实客观、观点鲜明、有思想有见地的铁路优质内容，实现铁路资讯网络课高质量传播。走好网上群众路线，及时了解网民意见诉求和干部职工所思所想，采取针对性措施进行引导疏导。积极组织“争做铁路好网民”“发现最美铁路”网络宣传、“铁路好新闻”优秀作品发布活动、铁路正能量“五个一百”优秀网络作品（平台）发布活动等丰富多彩的网络文化活动，加强议题设置，引导舆论走向，营造有利于铁路高质量发展的网络舆论氛围。

第五节　积极培育铁路重点发展领域企业文化

铁路事业的发展壮大，对铁路企业文化建设提出了新要求新任务，积极培育高铁、重载铁路、川藏铁路等重点发展领域企业文化，是不断总结铁路企业文化建设经验，拓展铁路企业文化创新发展成果，服务铁路高质量发展大局的现实需要。国铁集团党组胸怀“国之大者”，紧跟国家战略推进高铁、重载铁路、川藏铁路文化建设，充分彰显了深入推进铁路企业文化建设的战略思维和建设世界一流现代企业的使命担当。

（一）积极培育高铁文化

伴随着高铁网规模和质量的重大跃升，中国高铁已经成为集中展示中国速度、中国创造、中国智慧、中国力量、中国精神的文化标志。“十四五”时期，要深入贯彻习近平总书记关于高铁自主创新的重要指示批示精神，持续深化高铁文化建设，引导干部职工在工作中坚持精益求精、创新超越，不断巩固和提升中国高铁的世界领跑地位。

（1）构建高铁文化理念体系。认真总结梳理高铁建设、运营过程中形成的理想信念、价值观念、工作理念，有的放矢地加以阐释和宣贯。一是提炼高铁精神。深入学习领会习近平总书记对高铁科技创新的重要指示批示精神，围绕高铁线路建设、装备制造和运营管理的奋斗历程，以及高铁机辆、工电、客运、经营和科研各领域、各系统形成的优良传统和工作作风，提炼形成特色鲜明、为职工广泛认同的高铁精神。二是培育工作理念。强化高铁安全教育，坚持把“确保高铁和旅客列车安全万无一失是铁路人的政治红线和职业底线”的理念贯穿高铁安全管理、现场作业、应急处置全过程。把握高铁便捷、整洁、舒适、温馨等服务特征，积极培育“人享其行、物畅其流、安全优质、人民满意”的服务理念。三是开展宣传教育。通过印发宣传提

时速 350 公里复兴号动车组整装待发

纲、编写学习读本、开展巡回宣讲等多种形式，加强对高铁精神和高铁工作理念的宣传阐释，在相关单位职场因地制宜设置高铁安全标识、服务格言、经营信条等，营造浓厚的高铁文化氛围。

延伸阅读

习近平总书记对我国高铁发展极为关怀，从指出“复兴号奔驰在祖国广袤的大地上”“复兴号高速列车迈出从追赶到领跑的关键一步”，到肯定“高铁动车体现了中国装备制造业水平”“是一张亮丽的名片”，为高铁发展提供了强大动力。

2021 年 1 月 19 日，习近平总书记乘坐京张高铁在太子城站考察时强调：“我国自主创新的一个成功范例就是高铁，从无到有，从引进、消化、吸收再创新到自主创新，现在已经领跑世界。要总结经验，继续努力，争取在“十四五”期间有更大发展。”

（2）养成高标准优质行为习惯。把高铁精神、工作理念等有机融入高铁管理制度和作业标准，促使职工养成良好的行为习惯。一是健全管理制度。按照“科学严谨、简明管用、针对性强”的原则，健全完善高铁系统的建设体系、安全体系、运营体系、服务体系以及各项规章制度。充分运用高铁运营 10 多年来积累的检测监测、数据分析结果，总结高铁运营规律，健全完善设备维修标准体系，分级分类建立设备质量评价体系，创新高铁基础设施维修管理模式。二是完善作业标准。紧盯“立标、学标、落标、对标”四个环节，推进高铁标准化规范化建设。围绕高铁安全管理、服务质量、经营管理，科学建立管理标准、技术标准、工作标准和评价标准。科学界定高铁运营各部门、各单位、各岗位工作职责，自上而下层层细化高铁岗位责任制，把高铁安全、服务、经营的规章制度和标准细化为各岗位作业指导书，确保作业有标准、行为有准则。三是规范作业行为。充分运用模拟仿真、网络教育等手段和师徒结对等形式，广泛开展岗位培训，高标准培养动车组司机、机械师等高铁岗位人员。严防高铁管理“普速化”现象，对高铁基本规章、基本制度的落实情况进行对规对标检查，严格规范干部职工履职行为。探索建立“集中化指挥、一体化管理、集约化运营、智能化作业”生产指挥模式，推进安全大数据集中管理和智能分析平台研发运用，提高风险管控和隐患治理的智能化、科学化水平。

（3）充分展示高铁良好形象。紧密围绕高铁发展辉煌成就和远景目标，加大宣传力度，打造高铁品牌，讲好高铁故事，激励干部职工为确保高铁安全优质运营，推动高铁创新发展再立新功。一是宣传成就愿景凝聚人。大力宣传中国高铁的辉煌成就，讲好从引进、消化、吸收，到再创新的奋斗故事，特别是讲好京张高铁、京雄高铁等一批重大标志性工程的建设故事，讲好复兴号系列动车组的研发故事，讲好高铁服务经济社会发展的先行故事，讲好中国高铁阔步前行的发展故事，进一步激发广大干部职工的自豪感和使命感。二是叫响优质品牌感召人。深化复兴号品牌战略，深入挖掘和提炼复兴号系列产品的文化内涵，不断提升复兴号品牌的影响力。深入实施CR450科技创新工程，稳步扩大复兴号动车组开

延伸阅读

2020年十一黄金周期间，中央广播电视总台、国铁集团联合推出“坐着高铁看中国”大型主题报道，选取京沪高铁、哈大高铁、青藏铁路等8条有代表性的铁路线，从历史维度、国家战略、百姓民生等视角，全景式展示“十三五”铁路成就和中国之美。

“人民铁道”全媒体专栏：《坐着高铁看中国》

行范围，创新服务方式，提高服务水平，不断满足人民群众的高品质出行需求。按照品牌名称、品牌标识、服务项目、服务标准“四统一”原则，以高铁站车和高铁线路、服务岗台和服务功能、现代物流和商贸旅游等为重点，培育打造一批社会知名度高、影响力大的高铁品牌，提升高铁市场竞争力。三是传播高铁故事鼓舞人。大力宣传习近平总书记对高铁的指示批示精神，立体展现中国高铁新形象，充分展示新时代国铁企业胸怀“国之大者”、打造民族品牌的使命担当。深化“坐着高铁看中国”“发现最美铁路”等主题宣传活动，及时宣传高铁发展新规划、新进展、新成果，宣传高铁为推动经济社会发展、满足人民群众出行需求作出的努力。深化与中央主流媒体，国家、省市文化艺术部门的合作，将高铁文化作品、铁路元素嵌入各类大型文艺演出，充分展示铁路发展成就。创新高铁形象传播方式，积极创作和开发图书、广告、影视剧、微电影、文创产品等，针对不同人群组织开展学习观摩体验等活动，增强高铁文化的影响力和感染力。

培育高铁文化优秀案例

北京局集团公司党委
加强京张高铁文化建设　助力中国高铁在赛场外争得荣光

北京局集团公司党委以习近平总书记两次对京张高铁作出的重要指示精神为指导，大力加强京张高铁文化建设，提升京张高铁运营品质，向世界展示了中国铁路发展的辉煌成就。

（1）**优化服务环境**。对接北京冬奥组委，全面规划布置京张高铁站车环境，展示中国高铁文化的感染力。大力宣传社会主义核心价值观，在3个车站设置景观小品，加大万里长城、天安门、大境门等风景海报的上刊数量，并通过站车视频播放沿途人文景观，使

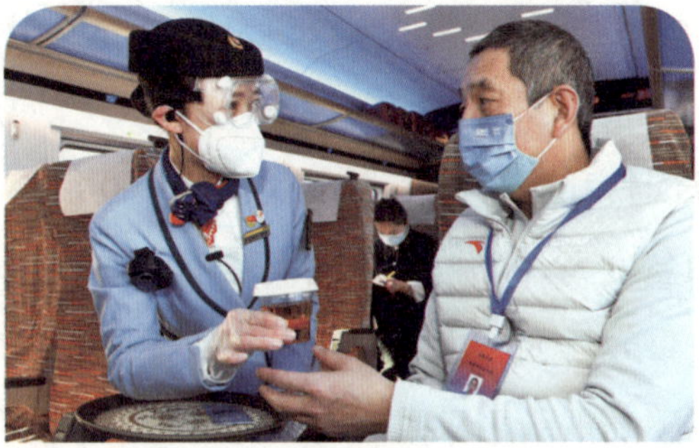

"雪之梦"乘务员服务老年旅客

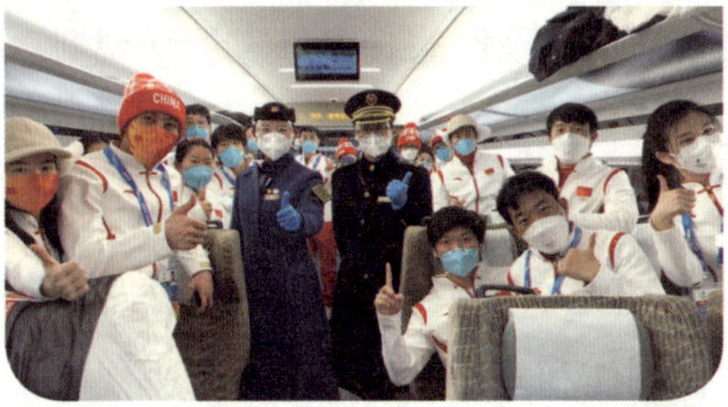

"雪之梦"乘务员和冬奥会参赛人员举行联欢活动

站车成为宣传中华优秀文化的阵地。在沿线部分车站设置8K超高清大屏，直播冬奥赛事；以北京冬奥会会徽、吉祥物及冰雪运动元素装点奥运版动车组和车站，编印冬奥版《列车服务指南》，增设《物流时代》专刊介绍冬奥知识，把站车打造为宣传奥运文化的载体。在沿线车站设立京张文化"微展区"，通过图文、实物反映京张铁路、京张高铁的前世今生，向世界展示中国铁路的发展成就和厚重的文化积淀。

（2）**打造服务品牌**。在京张高铁各车站、各次列车统一建立"雪之梦"班组，统一制作品牌LOGO，使"雪之梦"品牌覆盖相关站车，形成规模效应。从基本素质、必备技能、服务内容、服务备品等方面明确品牌创建标准，对工作人员进行礼仪外事知识、服务心理学、常用外语手语等培训，围绕外籍乘客乘车、换乘、问询、购物等开展模拟演练，全面提升服务人员素质；建立信息互通机制、服务联动机制、工作交流机制，实现服务闭环、经验共享。结合京张高铁线路特点和旅客不同需求，指导各"雪之梦"班组推出导游、讲解、远程呼叫、盲文提示卡等10项特色服务，在重要节日面向乘客举办小型活动，进一步提高品牌知名度。

（3）**开展主题宣传**。组织22000多名干部职工到清河站、八达岭长城站、青龙桥站、詹天佑纪念馆观摩学习，开展“天佑京张、逐梦先行”主题文化作品征集活动，举办优秀作品巡回展，引导干部职工深刻感受百年京张的沧桑巨变。整理5个代表性车站及奥运版动车组特点，为有需求的团体旅客进行讲解，在清河站、太子城站设置沙盘，全面宣传展示京张高铁的建设特征、标志性建筑和设备特点。策划40多个新闻选题，利用“坐着高铁看中国”“发现最美铁路”等主题活动，宣传京张高铁对地方经济的拉动作用，推出报道700多篇，出版中英文版《大国速度·百年京张》，让世界从中国铁路百年巨变中感受中国速度、中国精神、中国力量。

济南局集团公司济南站党委
深入推进“高铁儒行”文化品牌创建

济南局集团公司济南站党委在高铁文化建设中，大力培育“高铁儒行”品牌，不断在“铸魂”“提质”上下功夫，引领干部职工全力为旅客提供高品质服务。

（1）**坚持以人为本，创建品牌集群**。在济南站管辖的曲阜东站，依托地域文化优势，将儒家文化中的思想观念、人文精神、道德规范与客运服务管理相融合，率先创建“高铁儒行”品牌，缔造具有儒家风范的服务理念和服务品质，以仁爱之心、友善之举让旅客领略儒风雅韵，开启美好旅程。抓住近年来生产力布局调整契机，在京沪高铁、济青高铁、石济高铁、胶济客专等7条线路的12个车站推广“高铁儒行”创建经验，组建济南站“慧心暖途”、济南西站“善辉善行”、曲阜东站“小惠微善”服务队，逐步形成了高铁服务新格局。

（2）**完善服务举措，增强品牌魅力**。坚持“用文化提升服务，用服务体现文化”，将儒家文化精髓融入客运服务实践，设立客服中心、关切中心、换乘中心、复兴号展示区、商务候车区等专区，设置便民服务项目30余项，为普通、商务、特殊群体旅客提供精准化服务。推出复兴号模拟驾驶体验区，让旅客通过模拟真实驾驶情景，感受中国速度和高铁魅力。建成全国铁路首个复兴号展示区，形成集客服、关切等功能于一体的“中心轴”服务区，满足旅客一站式服务需求。推行“私人定制”“零星旅客三告知”“残疾旅客四提醒”“孕妇专用通道”“爱心小吧台”等服务举措，让广大旅客出行体验更美好。

（3）**深入宣传解读，扩大品牌影响**。组织编写《高铁论语》《高铁儒行赋》《济南西站赋》，拍摄专题片《风雨同舟又一年》，编排京剧《高铁儒行赋》，传唱站歌《让梦想飞》，编发《高铁儒行品牌文化》《中华民族传统价值观》《走进“复兴号”》等宣传册，在京沪高铁开通运营十周年之际编印《星耀济站人物谱志》《文化济站人物故事集》，深刻阐释品牌宗旨和丰富内涵，推动管理理念、服务理念和品牌愿望内化为职工的群体意识和行为规范。加大对外宣传报道力度，中央电视台、《中国青年报》、山东电视台等各级媒体先后推

“高铁儒行”文化活动

出《高铁儒行仁爱传承》《高铁儒行：小善聚大爱》等报道，提高了品牌传播力和社会影响力。

武汉局集团公司武汉高铁工务段党委
深化高铁文化建设　助推高铁事业发展

武汉局集团公司武汉高铁工务段党委紧扣集团公司“建成战略支点、筑牢发展基点、打造枢纽节点”三大发展战略，围绕安全体系、管理模式、课题攻关、技能人才、人文环境等方面，深化高铁文化建设，推动高铁事业高质量发展。

（1）**建立高铁安全体系，增强安全敬畏意识。**着眼于既能体现高铁特点，又能体现时代精神，总结提炼“高铁无小事、责任大如天”的安全理念和“一点不差、差一点不行”的工作理念，广泛开展依法、依规、依纪履职底线学习教育，增强干部职工对高铁安全的敬畏之心。健全完善安全双重预防机制，落实“一日作业标准化”，规范职工行为习惯，确保现场“作业受控、设备受控、人员受控、环境受控”。

（2）**创新生产管理模式，提高生产作业效率。**针对管内点多线长、市区枢纽设备复杂等实际，不断优化生产组织布局，在市区枢纽车间推行检、修分开模式，在沿线工区探索建立专业融合、线桥合一的综合工区，推行集中检、专业修、综合修，使设备静态高级问题销号提高了1.7倍。建立工务、电务、供电、通信、房建等专业综合维修生产一体化运行机制，实行“天窗”、防护、交通工具等资源共享，各专业劳动效率和“天窗”利用率大幅提升，每月防护用工节省百余人次，应急值守人员压缩35%。

（3）**坚持开展技术攻关，破解现场突出问题。**针对现场作业中存在的突出问题，积极与铁科院、专业设计院开展课题攻关，研发扣件、轨道板、隧道检测装备，先后获武汉市一等奖2个，武汉局集团公司一等奖2个、二等奖2个、优秀奖3个。研发的“高速铁路基础集成检测平台”，一个“天窗点”可同步完成七个项目30公里线路的检测分析，劳动效率提高了300%；使用制作的CJH-I道岔大部件应急更换车组，原来需要两个“天窗点”才能完成的道岔更换施工，现在一个“天窗点”即可轻松完成。

（4）**培育高铁技能人才，夯实基层作业基础。**坚持选拔综合素质过硬的一线工班长骨干到管理和专业技术岗位，每年开展大练功大比武活动，并推荐优秀选手参加更高层级的技能竞赛，在武汉局集团公司工务系统专业技能竞赛中，取得钢轨探伤工练功比武个人全能第二名，高铁线路工比武个人全能第四名；在2021年“振兴杯”铁路行业青年职业技能大赛中，取得道岔检查第一名、线路检查第三名的好成绩。定期开展“新时代高铁榜样”评选，大力选树宣传“中国速度的草根‘智造者’”马耀锋、践行“高稳新实为”新时代武铁精神的“高铁新兵”宋亚军等先进典型，激励职工争先创优成长成才。

（5）**营造和谐共处氛围，激发高质量发展动力。**坚持以“高质量党建引领高质量发展”，把“我为群众办实事”作为稳人心、暖人心、聚人心的具体抓手，着力解决青年职工因长期夜班作业导致的交际难、找对象难等问题。制订营养早餐计划，修建32处文体活动场所，成立11个兴趣协会，定期组织职工运动会、广播体操比赛等群众性活动，进一步增强了职工的获得感和幸福感，凝聚起共保高铁安全的强大合力。

上海局集团公司党委
深化京沪高铁文化建设　为企业高质量发展提供坚强文化支撑

上海局集团公司党委着眼提升企业核心竞争力和文化软实力，以京沪高铁为标杆，积极推进独具上铁特色的高铁文化建设，为企业高

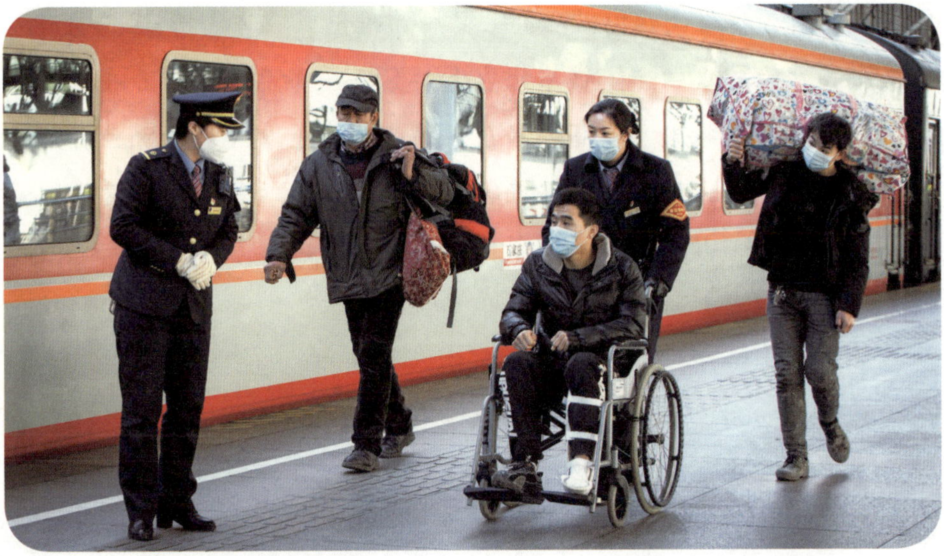

"158" 雷锋服务站职工服务重点旅客

质量发展提供了坚强的文化支撑。

（1）**培育理念，树立标杆意识**。组织京沪高铁沿线各相关单位，紧密结合自身工作特点和京沪高铁运营管理实际，提炼形成适应现场、符合实际、各具特色的工作理念，广泛开展形式多样的理念解读、学习研讨、主题实践，促进理念入脑入心。上海客运段总结提炼"服务创造美好生活"的价值理念，培育"东方情"服务品牌，以海派服务让旅客体验更美好。镇江站以地域文化为依托，培育"至诚至善·润心暖情"的工作理念，引领职工全力为旅客提供优质服务。

（2）**打造品牌，发挥示范效应**。在设备保障系统，围绕人防、物防、技防"三位一体"安全保障体系，积极推进安全文化建设，选树了解决道岔严重安全隐患的上海电务段任可、实现高铁钢轨出厂合格率百分之百的上海工务段马军等一批安全标兵。在站车服务系统，坚持"一站一特色、一车一品牌"，围绕改善旅客出行体验、提升高铁服务品质，打造上海站“心尚”品牌，推出以“时代楷模”“158”雷锋服务站为核心的“上铁雷锋服务站”等服务品牌集群。在经营开发系统，围绕铁路旅游、高铁餐饮、站车商贸、文化广告等业务，培育华东印记、旅途易购、上铁旅行管家、一碗好饭等系列经营品牌。

（3）**建好环境，营造文化氛围**。按照“站站有特色，车车有亮点”的思路，组织京沪高铁沿线各站车单位以温馨、舒适、美观为目标，结合地域文化特点，加强站车环境总体设计和改造提升，制作管内13个站全景VR，建成上海虹桥站海派文化、苏州站苏州园林建筑、南京南站“古城新站”明代风格建筑、徐州东站汉文化建筑等文化景观。制定《高铁站房文化理念宣传展示管理办法》，将京沪高铁站房建筑文化理念的宣传展示纳入公益广告宣传管理，纳入客运提质和政治工作督查，灵活多样解读站房文化，帮助旅客更好感受京沪高铁品质。

（4）**开展立体宣传，塑造良好形象**。抓住春运、暑运、“七一”“十一”等契机，通过新闻宣传、网络宣传、公关活动等开展品牌形象传播，持续扩大京沪高铁影响力。紧扣京沪高铁开通运营10周年，组织召开线上策划会，遴选运营管理、发展成就、典型人物等10个选题，深入开展丰富多彩的宣传报道。参加京沪高铁运营10周年学术研讨，全面总结京沪高铁运营10周年成果，充分展示我国高铁发展成就和对经济社会发展的重要贡献，探索“十四五”时期高铁技术发展方向，巩固中国高铁领跑优势。

（二）积极培育重载铁路文化

以世界重载铁路的典范大秦铁路为龙头，辐射带动瓦日、唐包、浩吉等重载铁路，培育重载精神，提升管理品质，规范行为养成，创优发展环境，持续书写重载铁路拉动经济发展、服务人民群众的“重磅”故事。

（1）培育重载精神。围绕“负重争先、勇于超越”等重载精神理念，加强阐释宣传，强化认知认同，培育践行自觉。一是抓内涵阐释。围绕“负重争先、勇于超越”等重载精神，紧密结合形势任务，组织全面系统的理论阐发和论述，充分体现重载铁路在中央作出的“调整运输结构，减少公路运输量，增加铁路运输量”重大决策中的工作定位；充分体现重载铁路在加快建设交通强国，完善综合运输大通道布局中的功能方位；充分体现重载铁路在货运稳量增收、打好污染防治攻坚战特别是打赢蓝天保卫战中的职责地位，切实把重载精神的内涵要义、时代价值讲清楚、说明白。二是抓宣传引导。坚持面对面、键对键相结合，组织多种形式的重载精神学习、宣讲、讨论。在理念解读上，注重传承性和引领性的统一、思想性和实践性的统一、行业性和时代性的统一，引导重载运输领域干部职工不断提高政治站位，增强责任意识。在理念宣贯上，着力创新载体和方法，通过分层次、分系统、分专业宣传，引导干部职工深入领会重载铁路知重负重、苦干实干、创新创效的精神品质。三是抓岗位践行。从岗位实际出发，挖掘重载精神的岗位特征、实践规律和功能作用，开展践行重载精神主题实践活动，推动重载精神落地生根。开展岗位价值观征集，分系统培育专业突出、特色鲜明的岗位价值观，形成以重载精神为统领的重载价值体系。

（2）提升管理品质。认真总结重载铁路管理经验以及其中蕴含的精神内涵，把重载文化特质体现在各项管理体制、运行机制、制度体系当中，不断提高重载铁路管理的文化含量。一是完善重载安全管理体系。始终把重载运输安全作为首要政治任务，强化重载安全意识，压实安全主体责任，深化“三位一体”安全保障体系建设，推动安全双重预防机制落实，常态化开展专项整治、挂牌督办，严格落实一体化、联合作业、联系、联控、联检等制度，强化重载安全应急处置，全面提升重载安全保障能力。二是提升重载运输管理效能。深入分析总结重载铁路“速密重”匹配、“集疏运”衔接、“路港矿”协作、“产运需”互动和“产学研”联合等模式中的发展经验，围绕法治化、市场化、集约化经营，突出问题导向、目标导向、结果导向，引导干部职工打基础、抓关键、补短板、强弱项，进一步完善制度改革，清单化制定制度体系，深化重载运输领域提质降本增效，形成科学高效的管理模式，推动制度优势转化为管理效能。三是拓展重载人文管理内涵。以“人文＋科技”为牵引，深化人才强企、科技兴企战略，健全完善人才成长激励机制，加快重载运输高层次人才培养和高素质队伍建设，完善“平台＋应用”重载科技创新体系，引导各级各类技术技能人才在重载运输实践中敢担当、勇创新，推进“国字号”重载课题研究，推动重载关键核心技术不断取得突破，形成重载铁路运营发展完整、成熟的中国方案，始终保持重载技术世界领先水平。

（3）规范行为养成。注重发挥教育培训的导向作用、标准规范的约束作用、先进典型的示范作用，推动干部职工积极践行岗位价值观。一是加强岗位教育培训。着眼重载技术、装备、管理、作业需要，优化重载培训课程，分级打造重载精品培训项目。强化重载培训师资力量建设，将重载领域高层次骨干人才纳入师资库，建立各专业专兼职教师队伍，组织专兼职教师理论和实践培训。打造重载精品课程教材体系，建好用好重载实训基地，开发现场教学项目。分系统组织重载岗位人员职业技能培训和技能竞赛，形成重奖重用优秀人才的鲜明导向，全面提升技术业务素质。二是严格标准规范落实。深入开展标准化规范化建设，建立各层级、各岗位的管理行为规范、岗位工作标准，完善岗位守信激励机制和失信惩戒机制，组织具有较强仪式感的主题活动，使干部职工在规范管理、学标贯标中不断校正行为。加强重载安全教育，提升重载安全意识，强化安全为天、高效为先等思想

“最美铁路人”、大秦铁路重载司机景生启

共识，引导干部职工把落实重载岗位职责、执行重载作业标准逐步内化为行为习惯，确保重载铁路运营安全高效。三是发挥典型示范作用。把培育重载先进典型作为重载文化建设的有力抓手，坚持“新老”结合，弘扬传承重载领域“老”先进的精神印记，深入挖掘重载“新”典型的时代品格，组织先进典型与职工面对面分享故事，推选更多重载领域先进典型走出铁路走向全国，充分展示重载精神传承人物的硬核力量，形成见贤思齐、崇尚先进的良好风尚。

（4）创优发展环境。充分发挥环境的渗透力、影响力，加强职场环境文化建设，用有形的建设传递无形的价值理念。一是优化职场环境。围绕站区一体化建设发展方向，强化房屋设施功能定位，体现爱党爱国爱路爱企理念，不断改善重载站区生产生活环境。坚持简朴大方、因地制宜原则，建设一批满足实际需要、体现重载特色、职工喜闻乐见的教育基地、文化园地等文化阵地。以建设集中性的重载教育场馆（基地）为牵引，推进站段重载文博场馆（室）建设，有效发挥场馆教化功能。二是推进标杆建设。通过系统规划和专业指导，选取有代表性、有影响力、有鲜明特色的单位作为试点，重点指导开展重载文化示范单位建设，以点带面同步建设重载铁路文化示范线。适时总结重载文化建设过程中的优秀做法和典型经验，以现场推进会、观摩研讨会等形式，深化工作交流，不断巩固拓展重载铁路文化建设成效。三是丰富精神生活。深化群众性文化活动，组织文艺骨干深入重载运输生产现场，以展示重载一线实干、创新、奉献为主题开展系列文艺作品创作，推出一批有影响力的重载文艺精品，引导干部职工强化对重载铁路文化的认知认同，增强工作积极性和主动性。加强重载专题新闻策划，面向路内外精彩讲好重载铁路故事，树立重载铁路良好形象。

培育重载铁路文化优秀案例

太原局集团公司党委
弘扬践行大秦重载精神　打造重载文化“太铁样板”

太原局集团公司党委聚焦勇当服务和支撑中国式现代化建设的“火车头”，大力弘扬“负重争先、勇于超越”的大秦重载精神，以理念引领、典型示范、印记传承、制度强基、环境创优“五个载体”为抓手，着力打造重载文化“太铁样板”。

（1）以“理念引领”为载体，打造大秦重载精神“太铁标识”。把大秦重载精神纳入每年主题宣讲，不断赋予其新的时代内涵和实践要求，常讲常新、常学常新，激发干部职工奋斗热情。围绕大秦重载精神入选《铁路红色基因》的契机，编纂《大秦铁路精神》，撰写红色故事，编排文艺节目，加深干部职工对大秦重载精神的思想认同、情感认同，推动“弘扬大秦重载精神、实施强局工程、创建模范路局、建设一流企业”落实落地、见行见效。

▲ 2022年第二季“书香铁路·我喜爱的好书”推介活动特别推荐图书

（2）**以“典型示范”为载体，推出重载典型“太铁标杆”**。在季度和年度“太铁之星”评选中，把重载先进典型作为重点，选树“最美铁路人”“新时代铁路榜样”景生启、薛胜利等一批模范人物，构建形成了防止事故“光荣榜”、抗洪抢险“群英谱”、集中修“先锋榜”、电煤保供“排头兵”等200名先进典型群体，以典型示范汇聚起负重争先、勇于超越的强劲正能量。

（3）**以“印记传承”为载体，擦亮精神谱系“太铁名片”**。编纂《山西铁路革命史话》，以全局2件可移动文物、2208件具有保存价值实物为线索，推进“铁路老物件会说话”专题宣传，举办以“太铁红色印记”为主题的“我喜爱的好书”读书活动，引导干部职工传承“始终听党话、永远跟党走”的红色基因。以大秦重载教育基地为龙头，构建太原局集团公司铁路红色教育基地“1+5+N”格局，推进网上铁博建设，接待1000批2万多人次参观研学。

（4）**以“制度强基”为载体，形成制度建设“太铁方案”**。把重载安全、服务和经营文化元素有机嵌入重载安全技术、运输组织、装备运用、维修保养、组织保障制度体系建设中，同部署、同落实、同考核、同评价。突出“科技＋人文”理念，建强“平台＋应用”

重载科技创新体系，着力完善管理体系、提升管理品质，推动制度优势转化为管理效能。不断总结重载铁路管理经验，促进重载制度体系建设同加强重载制度文化建设深度融合，进一步推动重载管理提质升级，贡献更多健全完善的中国重载铁路“大秦模式”“太铁方案”。

（5）以“环境创优”为载体，实施职场建设“太铁行动”。以深化大秦线标准化、规范化安全示范线建设为牵引，深入推进家园文化建设、强基达标示范、文明创建提质“三个行动”，加强生活线、文化线、卫生保健线建设，持续改善职工生产生活条件，营造以文化人、文化育人、成风化人的环境氛围。聚焦职工群众对美好生活的向往，积极开展丰富多彩的全民健身、书法摄影、读书征文等文体活动，促进职工身心更加健康，凝聚力、向心力持续增强。

西安局集团公司党委
培育浩吉重载文化　建设一流重载铁路

西安局集团公司党委以凝聚思想共识、培育行为自觉、打造文化环境为抓手，深入推进浩吉铁路重载文化建设，引领和推动浩吉铁路重载事业高质量发展。

（1）凝聚重载安全共识。组织干部职工认真学习大秦重载铁路运营管理经验，结合典型事故案例，编制图示化课件，广泛开展安全宣传教育。在灵宝东站区建立重载安全警示教育基地，定期组织三新人员、青年团员开展警示教育，引导职工树立“重载列车安全大如天”的思想共识。明确重载专业安全底线和核心安全风险，组织相关岗位职工全员考核上岗，并进行安全承诺。制定“五奖五责”刚性要求，以颁发嘉奖令的形式，重奖、快奖防范安全隐患有功人员，第一时间将嘉奖喜报递送至职工家属手中，增强了职工及家属对重载安全的理念认同和情感支持。

万吨列车行驶在浩吉铁路跨惠桥水库特大桥上

（2）**培育重载行为自觉。**组织货运、运输、经开、调度等部门人员组成营销团队挺进陕北，走访重点厂矿企业，打通重载列车开行堵点，消除重载列车货源营销盲点。组织延安运营维修段编制货运营销手册和浩吉铁路OD示意图，持续争取“公转铁”运量，主要发运客户由2020年的10家增至50家。利用“钉钉”平台直播授课、集中培训等形式，组织行车关键岗位人员开展重载列车运输组织专项培训，运用“西铁掌中学”App检验培训效果，开展应急处置模拟演练。持续做好管内万吨径路设备监测检查，每周开展一次站场工电联合巡检，每月开展一次道岔静态检查，每季度开展一次曲线正矢检查，全过程监测重载径路道岔曲股几何尺寸变化，确保重载线路设备安全稳定。

（3）**营造重载文化环境。**针对浩吉铁路部分区段地处毛乌素沙漠、自然条件艰苦的实际情况，持续加大“三线建设”力度，打造靖边东站区“开心农场”，整修卢氏站小食堂、邓州西站区生活设施，升级靖边东、灵宝东食堂设备，以重载文化书画作品装点职场环境，激发职工干事创业热情。围绕“保重载畅通，护万吨安全”主题，创作重载文化宣传片，在延安运营维修段、延安机务段等重载列车相关单位开展重载文化宣讲200余场次，举办职工文化艺术节，开行健康文化列车，不断满足职工的精神文化需求。积极开展“重载岗位明星”评选活动，分专业评选“岗位明星”10人，组织开展典型事迹宣讲16场次，营造了学习先进、争当先进的良好氛围。

（三）积极培育川藏铁路文化

川藏铁路是习近平总书记亲自谋划、亲自部署、亲自推动的一项世纪性战略工程，是实现第二个百年奋斗目标进程中的标志性工程。建设川藏铁路是贯彻落实新时代党的治藏方略的一项重大举措，对维护国家统一、促进民族团结、巩固边疆稳定，推动西部地区特别是川藏两省区经济社会发展，具有十分重要的意义。培育川藏铁路文化就是要认真贯彻落实习近平总书记对川藏铁路的重要指示批示精神，深入挖掘川藏铁路历史传统和时代内涵，将文化元

专题片

《拉林铁路》

素融入川藏铁路设计、建设、运营全过程，进一步打造中国高原铁路文化品牌，为高质量建设运营川藏铁路提供有力文化支撑。

（1）用习近平总书记重要指示批示精神指引川藏铁路文化建设。川藏铁路是铺向“世界屋脊”的团结线、幸福路。习近平总书记对川藏铁路建设的重要指示批示精神，不仅为川藏铁路建设指明了前进方向，也为培育川藏铁路文化提供了根本遵循。一是深刻认识建设川藏铁路的重大意义。认真学习习近平总书记关于川藏铁路开工建设作出的重要指示批示精神和考察拉林铁路时的重要讲话精神，向干部职工讲清建设川藏铁路的重大战略意义，引导广大干部职工站在拥护“两个确立”、增强“四个意识”、坚定“四个自信”、做到“两个维护”的政治高度，切实做好川藏铁路建设各项工作。二是准确把握建设川藏铁路的工作要求。大力宣传习近平总书记重要指示批示精神、党中央决策部署和国铁集团党组工作要求，引导干部职工立足新发展阶段，贯彻新发展理念，服务新发展格局，坚持“科学规划、技术支撑、保护生态、安全可靠”的总体思路，落实“科学施工、安全施工、绿色施工”要求，切实把这条最具风险和挑战性的铁路建设成精品工程、安全工程、绿色工程、创新工程、廉洁工程。三是充分激发培育川藏铁路文化的工作热情。组织开展川藏铁路精神大征集、大讨论活动，让干部职工在参与过程中深刻感受到文化凝聚思想合力、激发工作动力的巨大作用，认清建设优秀的川藏铁路文化是高质量推进川藏铁路建设的重要力量源泉，不断增强培育川藏铁路文化的积极性、主动性和创造性。

（2）积极培育川藏铁路精神。精心培育以“迎难而上、敢为人先”为核心内容的川藏铁路精神，引导广大干部职工增强荣誉感、使命感、责任感，坚决把川藏铁路建设好、运营好、维护好。一是在深学深悟中培育川藏铁路精神。川藏铁路是国家“十四五”时期立足新

川藏铁路公司洛隆项目部党支部组织开展升国旗暨重温入党誓词活动

发展阶段、贯彻新发展理念、构建新发展格局的重大工程，充分体现了以人民为中心的发展思想。要以习近平新时代中国特色社会主义思想为指导，深入学习领会习近平总书记对文化建设的重要论述和对铁路工作的重要指示批示精神，把握精髓要义，在学思践悟中培育川藏铁路精神。二是在传承发扬中培育川藏铁路精神。川藏铁路体现的是铁路建设的基础性、先导性、战略性、服务性作用，将有效促进全面建设社会主义现代化国家，满足藏族地区人民群众对美好生活的新需求新期待。培育川藏铁路精神，要深入挖掘铁路优秀传统文化内涵，传承弘扬“始终听党话、永远跟党走”的红色基因、“人民铁路为人民”的根本宗旨，充分学习借鉴“两路”精神和青藏铁路精神，确保川藏铁路精神与铁路优秀传统文化一脉相承。三是在建设实践中培育川藏铁路精神。川藏铁路是通往雪域高原的又一条“天路”，是在高海拔、大高差、强地震等环境下建设难度最高的高原铁路。培育川藏铁路精神，要立足川藏铁路沿线复杂的地形地质、恶劣的气候条件、巨大的修建难度等实际，结合建设过程中科技攻关、施工组织、安全生产、生态环境保护等工作实践，推动川藏铁路精神内涵不断丰富，价值持续升华，特质愈加鲜明。

（3）发掘川藏铁路文化功能。川藏铁路文化根植于中国特色社会主义文化的沃土，在建设培育过程中，要以文化特质展示国运之兴盛，体现国铁企业之担当，不断丰盈精神家园，凝聚奋斗力量。一是加强资料收集。积极做好川藏铁路各类纪念奠基设施、机构旧址、设计施工图纸、岩芯等标志性文化资源的保护利用，让其成为存史立鉴的不朽丰碑。以保护为前提，从起始阶段就针对性建立动态摸排机制，建档立卡形成资源数据库，对珍贵的川藏铁路文化资源实施抢救性保护。同步谋划设计建设川藏铁路文博场馆，用好“铁路老物件会说话”等载体，让川藏铁路文物资源活起来、火起来。二是深化内涵研究。联合相关企业、专业部门、研究机构，开展川藏铁路文化专题研究和核心理念内涵阐释，着力推出一批有价值的研究成果。坚持在建设过程中结合所经地域历史文化，将相关文化资源串珠成线，积极培育爱国主义教育基地，让川藏铁路成为干部职工、社会公众深化爱国主义教育的大课堂。三是创作文艺精品。深入挖掘川藏铁路文化内涵，拍摄制作反映川藏铁路精神的纪录片、电视剧、歌舞话剧等文艺作品，把川藏铁路文化精品搬上荧屏和舞台。发挥各级文联和文艺骨干作用，深入工程建设一线采风创作，讲好川藏铁路建设故事，通过群众喜闻乐见的形式，让川藏铁路文艺作品进基层、到一线，激励干部职工扎根川藏、建设川藏、奉献川藏。

第六节 不断丰富职工精神文化生活

职工是企业的财富，企业是职工的归宿。满足职工日益增长的美好生活需要，文化是重要因素。要大力开展群众性文化创建活动，创作更多铁路优秀文化作品，丰富文化供给，让职工享有更加充实、更为丰富、更高质量的精神文化生活，不断汇聚新时代铁路高质量发展的强大力量。

（一）创作更多铁路优秀文化作品

（1）高举旗帜，讴歌奋斗。高举中国特色社会主义伟大旗帜，坚持以习近平新时代中国特色社会主义思想为指导，坚持以人民为中心的创作导向，立足铁路实际，用心、用情讴歌党、讴歌祖国、讴歌铁路，把新时代铁路人勇当服务和支撑中国式现代化建设“火车头”的奋斗之志、创造之力、发展之果，通过更多的优秀作品展现出来，为铁路高质量发展提供强大的价值引导力、文化凝聚力、精神推动力。

（2）守正创新，丰富表达。充分运用全媒体平台和虚拟现实、人工智能等新技术，丰富铁路文学文艺作品表现形式，特别是注重发挥“1+18+N”铁路全媒体矩阵，以及铁路站车视频、职场视频宣传大屏等平台优势，拓展传播渠道，为干部职工提供个性化、分众化、场景化传播体验。借助互联网、大数据、云服务等技术手段，开发数字化图书借阅、博物馆 VR 互动等新功能，让铁路优秀文化作品更快抵达受众，更好传播主流价值。

（3）围绕中心，打造精品。紧密围绕安全、服务、经营、建设等中心工作，坚持内容选材要严、思想开掘要深、艺术创造要精，不断提升作品的精神能量、文化内涵、艺术价值。大力实施文艺精品战略，积极扶持铁路文化名家领衔重点文化项目，围绕贯彻落实党的二十大精神等大事要事，中国高铁、川藏铁路、中老铁路、中欧班列、重载铁路等重大题材，打造重量级精品力作。发挥铁路文化单位专业优势，策划出版反映铁路改革发展成就的图书、影视作品，创作歌舞、话剧、小品、小说、诗歌、报告文学等文学文艺作品，积极打造铁路文化创意产品。

（4）面向一线，彰显风采。始终把满足职工群众精神文化需求作为创作出发点和落脚点，贴近工作、贴近基层、贴近现场，坚持从职工的所思所想中汲取营养、从火热的生产实践中积累素材，精心创作一批反映职工思想道德、精神风貌、工作业绩的文学文艺作品，塑造更多吸引人、感染人、打动人的铁路艺术形象，生动彰显铁路人报效国家、服务人民的先行风采。

（5）做好推广，扩大影响。树立交流合作意识，加强与中央主流媒体、社会文化艺术部门和知名文艺工作者的合作，创作推广更多具有铁路特色、铁路风格、铁路气派的文化产品。加强对铁路优秀文化产品的宣传推广，积极开展铁路优秀文学文艺作品展播发布活动，积极推动铁路文化元素嵌入、融入各类大型主题展览、文艺演出等文艺活动，不断推出具有社会影响力的文学、影视、歌曲等“铁字号”精品力作。

（二）开展群众性文化创建活动

（1）突出职工主体。坚持贴近实际、贴近职工、贴近生活的鲜明导向，充分发挥文化大格局作用，坚持把重心放在基层、放在现场，积极搭建便于职工群众参与的文化创建平台，调动全员参与积极性，激发职工群众的聪明智慧，提升文化生产力。大力推进文化惠民工程，根据干部职工需求，探索开展“定制式”文化创建活动，让更多职工群众当主角，在潜移默化中受感染、受影响、受熏陶、受鼓舞。

（2）服务职工生活。坚持严格管理与关爱职工相结合，深入推进生活线、文化线、卫生线建设，深化车间班组家园文化建设，持续改善职工生产生活条件，打造温馨舒适、优美和谐的职场环境。统筹文化阵地建设和资源配置，健全文化阵地建设、管理、使用长效机制，积极开展丰富多彩的文化活动，切实发挥文化阵地的教育作用。

活动视频

2022年9月8日，国铁集团党组宣传部在太原局集团公司湖东电力机务段举办2022年第二季“书香铁路·我喜爱的好书”推介活动——走进大秦铁路，推荐14套好书，发布活动标识，推广经典诵读作品，引导干部职工爱读书、读好书、善读书。

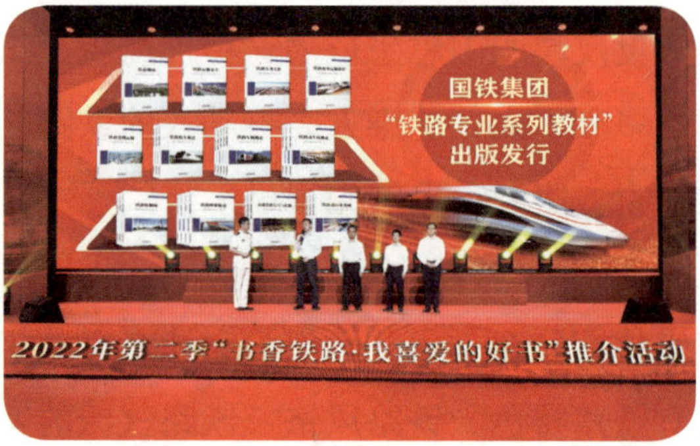

采访特别推荐图书主创部门代表

（3）丰富活动形式。发挥铁路专业文艺院团作用，开展送文化到基层、“春运送万福”大型公益文化活动、文化文艺精品巡展等。因地制宜举办各类专项体育竞赛活动和大众健身运动，坚持办好铁路职工文化艺术节、职工运动会等文化体育活动，常态化开展全民健身、书法摄影等活动。深化“书香铁路·我喜爱的好书”推介活动，推荐优秀图书，讲述读书故事，分享读书心得，引导干部职工养成爱读书、读好书、善读书的行为习惯。

丰富职工精神文化生活优秀案例

沈阳局集团公司党委
精心打造乐业奉献的精神家园

沈阳局集团公司党委坚持把“家”的理念融入车间班组建设之中，精心打造乐业奉献的精神家园，凝聚起推动企业高质量发展的强大合力。

（1）**以学习家园激发动力**。以“数字沈局”建设为支撑点，实施光纤进班组工程，构建沈阳局集团公司、站段、车间、班组四级数字宣传思想文化工作平台，设置学习教育、网上课堂、好书推荐、文化成果展示等服务功能，通过数据分析掌握职工学习和文化需求，有针对性地开展教育引导和文化熏陶。各单位普遍建立了车间电教室、

沈阳局集团公司举办“永远跟党走”庆祝建党100周年职工文艺演出

班组学习室，实现理论微课、形势任务宣传教育、典型人物宣传等全媒体推送。在全媒体平台开设人物访谈、群英谱等栏目，每年评选10个“十佳”宣传产品，受到职工点赞。动态完善新媒体平台功能，精心策划展示沈阳局集团公司改革发展成果和职工精神风貌的微活动，吸引职工参与，激发内在动力。

（2）**以精神家园铸魂育人**。以强化精神感召为着力点，注重从外在装饰向内涵引领转变，不断优化职场环境。组织各单位紧扣企业属性和生产特点，发动职工提炼完善企业精神、工作理念、目标愿景、车间班组精神，以及亲情寄语等3.8万条。明确职场文化建设“八有”标准，在较大站区、段部醒目位置，悬挂张贴精神理念宣传画和宣传标语；在车间办公区悬挂站段、车间精神标语，并附内涵释义；在班组学习室悬挂班组精神、格言警句宣传牌，以无处不在的精神理念铸魂育人。坚持把精神理念教育与爱岗敬业、遵纪守法、职业道德教育相结合，充分利用文化阵地资源，开展理念解读辅导、典型事迹报告会等学习交流活动，传播好声音，传递正能量。

（3）**以乐业家园温暖人心**。以关心关爱职工为出发点，积极构筑温暖人心的职工之家。实施站区改造、班组建家、“五小三园”等工程建设，打造温馨舒适的生产生活环境。在车间班组建立分配政策、工资构成、挂钩考核结果电子公示台，激发职工责任心和上进心。坚持用好数字宣传工作平台、“沈铁在线”企业微信号，开展线上线下活动，使之成为职工学习交流的“乐园”。认真受理回复职工合理化建议、利益诉求、政策咨询，有效解决职工的思想和实际问题。修建57个篮球场、136个羽毛球场、1712个职工活动室，组建1400多个站段文体协会和职工兴趣小组，举办丰富多彩的文化活动，在寓教于乐中陶冶职工情操。

太原局集团公司大同工务段王家湾线路车间
养路先养人　养人先养心

太原局集团公司大同工务段王家湾线路车间弘扬“传承坚守、负重争先”的王家湾精神，坚持“养路先养人，养人先养心”，引导职工不忘建设大秦初心，牢记自身工作使命，确保能源大通道安全畅通。

（1）**坚守“传家宝”**。将第一代王家湾人工作生活的旧平房改造成“艰苦奋斗展室”，通过老物件、旧机具、老照片，以及“全国工人先锋号”等多项荣誉，展示王家湾人建设大秦、养护大秦的艰辛历程和先进事迹，明确新入路职工进车间的“第一堂课”为参观“艰苦奋斗展室”，由总支书记做专题讲解，引导大家走近大秦铁路，学习王家湾先进事迹，感受王家湾人坚守大秦的奉献精神。发挥“老带新”“传帮带”作用，通过举办拜师仪式，召开新老职工座谈会，组织祭扫筑路烈士墓等形式，引导职工感悟一代代王家湾人“扎根大山、传承坚守”的精神力量。

太原局集团公司王家湾线路车间

（2）**架起“连心桥”**。建立“工班长每周谈、劳模先进半月谈、困难职工一月谈、重点问题重点谈、特殊情况及时谈”的“五谈连心桥”，及时掌握职工思想情况，帮助解决思想问题和实际问题。针对职工反映的王家湾维修工区通信难等实际问题，协调配备卫星接收机。为困难职工申请补助，为患重病党员职工捐款，为子女参加中、高考的职工合理调整班次，解决职工后顾之忧。针对远离市区、生活不便的实际问题，创建“利祥”服务室，为职工义务理发，帮助修理电器。

（3）**凝聚“战斗力”**。常态化开展“立家规、写家信、认家人、谈家情、吃家饭、建家园”系列活动，坚持每年给职工写一封家信，指出成绩、点出问题、寄予希望，每年组织职工家属进行一次访岗观摩、做一顿家饭，定期组织新老职工共同砌垒“坚守山”，合力建起青年图书角、贴心果蔬园、亲情路、安全梯，汇聚各方力量建家爱家。发挥“王进劳模创新工作室”带头作用，总结出检查预防和整治病害“三三三”工作法，即“三勤”：勤检查、勤整治、勤清污，“三结合”：动静结合、垫垫结合、治防结合，“三重点”：拨道为先、回落精准、过车复检，确保了轨检车连续6年优良率达100%。

呼和浩特局集团公司党委
充分发挥文艺骨干作用　丰富职工精神文化生活

呼和浩特局集团公司党委紧密围绕铁路改革发展实际开展文艺创作，充分发挥文艺骨干作用，为广大干部职工提供了丰富的精神食粮。

（1）**培育文艺人才**。铁路系统点多线长、人员较多，平时留心收集信息，就一定能找到文艺人才。近年来，呼和浩特局集团公司文联先后发现了焦永堂、赵智博、傅瑜等一批青年文艺骨干。组织召开呼和浩特局集团公司文联第一次代表大会，选举产生文联理事会以及5

个协会和书画院领导机构，全面梳理各类文艺人才，实行动态管理。目前，呼和浩特局集团公司文联共有各门类专兼职创作、演职人员200余人。将文艺骨干列入呼和浩特局集团公司全年培训计划，坚持先培训思想再传授技艺，先后举办了文学、书画、马头琴等培训班20余次。选拔优秀文艺爱好者外出接受高层次学习培训，组织9名文艺工作者到西安局集团公司文联和职工文化艺术团学习观摩，选派30余名文艺骨干参加中国铁路文联举办的各类培训班。

微电影

《卧佛山下》

（2）**活化文艺创作**。紧扣呼和浩特局集团公司中心工作和大事、喜事、要事开展创作，围绕专用线建设打通微循环，以葫芦站疏解改

▲呼铁乌兰牧骑慰问演出

造、集通铁路电气化改造畅通大循环，以二连站和集二线改造助力双循环以及进京高铁开通等主题，创作了舞台剧《挂图作战》、微电影《卧佛山下》、歌曲《高铁开出大草原》等一批精品力作。坚持把笔触和镜头对准呼和浩特局集团公司的干部职工及管内沿线的山山水水，创作了百米长卷《草原铁道万里图》，排演了反映K599次旅客列车乘务人员在水害面前保证旅客安全的情景剧《紧要关头》，深受干部职工喜爱。坚持以职工需求为创作导向，近年来紧贴职工的所思所盼创作书法、美术、摄影作品500余幅，全部装饰在各车间班组生产生活区，受到广泛好评。

（3）**搞好文艺演出**。呼铁乌兰牧骑坚持哪里艰苦就到哪里，进班组、跨草原、穿沙漠，深入公乌素、吉兰泰、马场壕等偏远站区，深入额哈铁路、集通铁路、葫芦站改等建设工地，演出服务的足迹遍布管内每一个角落。把春运上站车、暑运下沿线作为“呼铁乌兰牧骑+”的演出惯例。春运期间，在车站的演出采用常规模式，列车上演出则坚持少人数、多次数、走短途，既不挤占客运资源，又能扩大演出服务范围；暑运期间，坚持在一年之中天气最热的时候开展慰问演出，同时联系社保处安排医务人员送医、送药、送健康，深受职工欢迎。呼铁乌兰牧骑在“送文化”的同时，努力为基层“种文化”，日常在与基层单位沟通联系时，先摸清文艺爱好者的基本情况，邀请他们现场观演，并手把手教、点对点讲，积极为基层单位选拔和培养文艺骨干。

郑州局集团公司党委
推动“我喜爱的好书”读书活动落地生根

郑州局集团公司党委认真落实国铁集团党组关于“书香铁路·我喜爱的好书”推介活动的部署要求，广泛开展形式多样的阅读活动，引导干部职工养成爱读书、读好书、善读书的良好习惯。

（1）**精心组织实施**。把阅读作为提升新时代铁路产业工人队伍综合素质的有效途径，在年度工作会、宣传工作年会等重要会议上进行专题部署安排。组织制定年度工作方案，每月初下发读书活动重点工作提示，组织各单位结合当月阅读主题报送工作目标和推进计划，月底梳理各单位活动推进和计划兑现情况，在月度党群工作会议上向郑州局集团公司党委领导汇报。结合宣传工作考核、意识形态专项督查，对各单位读书活动开展情况进行月度评比、季度考核、年度通报。近两年，有3个单位因读书活动形式活、质量高、效果好，在郑州局集团公司宣传工作年会上交流经验，有21个单位在季度宣传工作考核中受到通报表扬。

（2）**弘扬主流价值**。坚持把"导向正确、内容健康、格调高雅"作为读书活动的主基调、主旋律，先后推荐了《习近平讲故事》《中国震撼》《新时代追梦人》等一批治国理政、理论研究、文学艺术等

▲郑州局集团公司红色经典诵读活动

方面的经典书籍，分享了“我们为什么读书”等一批优秀原创文章，引导干部职工认清读书对个人、企业乃至整个国家和民族的重要意义。结合党史学习教育，推出《长征》《火种》《党史必修课》等一批红色经典书籍，教育引导干部职工不忘初心路、奋进新征程。新冠疫情期间，开展“疫情之下，好书给我们力量”线上读书交流活动，组织干部职工阅读《致敬英雄》《抗击新冠肺炎疫情的中国行动》等书籍，为抗击疫情、夺取胜利加油鼓劲。

（3）**突出郑铁特色**。精心打造“郑在悦读”品牌，连续三年举办“4·23”世界读书日纪念活动，组织成立“霁月书社”等50余个读书小组，推出560余个读书作品，表彰100多名读书骨干和积极分子，使读书活动在郑州局集团公司家喻户晓、深入人心。定期组织摸底调查，了解不同年龄、不同工种、不同教育程度职工的阅读需求和阅读习惯，分众化、对象化开展读书活动。坚持让“我喜爱的好书”活动进车间到班组，在车间班组设置职工书屋、休闲书吧，每年配发一批好书，方便职工随时随地阅读交流。坚持让阅读进车站到车厢，在部分客运车站和列车上摆放流动书箱，举办读书分享活动，吸引旅客共读同诵、互学互动。

（4）**丰富形式载体**。充分发挥郑州局集团公司融媒体中心、56个融媒体工作室的矩阵效应，每月向职工至少推荐一本好书，并开展网络投票，评选“年度书单”。2019年以来，先后推荐分享《苦难辉煌》《长征》等优秀书籍200余本，推出新媒体读书产品300余个，其中读书微视频《我的励志故事》在新华网、人民网推送首日即突破百万浏览量。在“七一”“十一”等重要时间节点，围绕“学党史、颂党恩、跟党走”“我与祖国一起‘阅’来‘阅’好”等主题，开展朗诵比赛、经典诵读会，举办主题征文活动，推动了读书活动落地生根。

上海局集团公司党委
注重“三个坚持” 推动车间班组家园文化建设落地落实

上海局集团公司党委坚持系统谋划建标准、突出重点抓推进、多措并举抓效果，推动车间班组家园文化建设落地落实，为上海局集团公司高质量发展提供了有力文化支撑。

（1）**坚持系统谋划，建好标准体系**。针对基层单位反映的“家园文化应该怎么建、建成什么样”等疑问，成立多个课题组，深入开展现场调研，了解基层单位车间班组家园文化建设现状，查找短板和差距，听取意见和建议，提出整改优化措施。在充分调研的基础上，制定《关于加强全局班组文化建设的指导意见》《全局班组文化建设基本规范标准》《车间班组环境文化建设作业指导书》，并与标准化规范化、工电供一体化和“三线”建设融合发展，为推动车间班组家园文化建设提供制度支撑。

（2）**坚持突出重点，建设四个家园**。建设美丽家园，广泛开展“一条主干道、一个小菜园、一个运动场、一块文化石”标准化环境建设，因地制宜建设小花园、小果园、小鱼塘、小养殖，形成了黄山北综合维修工区“徽文化”、铜陵北高铁线桥车间“铜文化”等家园文化品牌。建设乐业家园，开展“全员找茬纠偏、重塑标准规范”活动，推广“陈美芳亲情服务法”“殷学斌操纵法”等一批优秀工作法，让遵章守纪、按标作业、履职尽责、规范管理的价值理念在车间班组落地生根。建设温馨家园，坚持思想引领与人文关怀两手抓，定期开展职工思想动态分析，扎实做好一人一事思想政治工作，设立职工便民服务站，发挥亲情感召作用，确保职工队伍稳定。建设活力家园，成立书法、绘画、摄影等兴趣小组，建设职工文化长廊、文化角、星光大道，制作群英谱、全家福、笑脸墙，组织文艺骨干送图书到一线、开展情满站区慰问演出，丰富职工精神文化生活。

（3）**坚持多措并举，确保建设实效。**坚持把车间班组家园文化建设纳入上海局集团公司年度政治工作考核、经营绩效考核和标准化规范化建设验收考核，与评先奖励、收入待遇联挂起来，增强干部职工推进文化建设的内生动力。坚持每年选择一个基层单位、瞄准一个文化建设重点、评选表彰一批先进典型，通过标准化规范化现场会展示交流文化建设成果，先后培育了黄山北、巢湖东、合肥南等一批地域特色鲜明、文化氛围浓厚的车间班组文化建设示范点。持续开展“发现最美家园”活动，推出《美是如何炼成的？西子姑娘说》《太美了，我的工区我的家》等新媒体作品，展示车间班组家园文化建设成果，促进各单位学习交流、共同发展。

延伸阅读

《美是如何炼成的？西子姑娘说……》

南昌局集团公司党委
深化群众性文化活动　丰富职工精神文化生活

南昌局集团公司党委持续深化群众性文化活动，不断丰富职工精神文化生活，凝聚起干事创业的强大合力。

（1）**发挥典型示范效应。**邀请党的十九大代表、福建省道德模范、中国好人等先进典型，参加“唱响主流声音、传播主流价值”主题活动，分单位、车间、班组三个层面开展道德讲堂、道德观讨论、班规班训大家讲100余场，引导干部职工见贤思齐、学先争优。坚持开展“凡星耀南铁”评选，

南昌局集团公司坚持每年举办平凡之星先进典型颁奖典礼

层层挖掘选树职工身边的先进典型，举办“凡星耀南铁”事迹报告会，组织“榜样的力量”巡回宣讲分享会千余场，激励干部职工崇尚先进、学习先进、争做先进。

（2）**发挥活动激励作用**。坚持在春运期间开展“送万福·进万家”活动，组织铁路书法家上列车、进车站、到班组，为干部职工和广大旅客挥毫泼墨，送上新春的祝福。坚持开展送文化到一线活动，2021 年举办“永远跟党走”文艺作品展、“庆祝建党 100 周年”铁路老物件精品展等文化活动 240 余场，为干部职工提供了丰富的精神食粮。围绕喜迎党的二十大、抗击新冠疫情，确定“奋进新征程、建功新时代”“战‘疫’有我、‘艺’不容辞”等主题，开展“书香南铁”分享、“南铁品牌故事大家讲”、“推动南铁高质量发展”文创大赛等系列活动，吸引职工广泛参与。

（3）**发挥陆地联动优势**。与江西省图书馆、凤凰网江西频道联合举办“缤纷赣图”书香公益健步走，共建爱心图书馆；与江西广播电视台、江西省图书馆联合举办“用阅读去旅行”大型公益阅读活动，上线图书盲盒漂流计划；与南昌市图书馆共建“南机·孺子书房”，融入江西省智慧图书馆系统，实现图书资源通借通还，推动全民阅读蓬勃开展。与江西省委宣传部、江西省文联、文艺志愿者协会联合开展“三月春风暖人间，雷锋精神永相传”“万名文艺家下基层，致敬南铁劳动者”等志愿服务活动，极大鼓舞了干部职工的工作热情。

乌鲁木齐局集团公司党委
聚焦高质量发展　扎实推进“家文化”建设

乌鲁木齐局集团公司党委聚焦推动集团公司高质量发展和实现职工对美好生活的向往，全面推进以“家业强起来，家园美起来，家风正起来，家人和起来”为主要内容的“家文化”建设，集聚起上下一心、干事创业的信心和决心。

（1）**加强“爱家”教育，筑牢爱路爱企的情感基础**。统筹用好新疆铁路教育基地及《龙腾大西北》《乌铁史话》等优秀局史文化资源，把局史文化传承教育纳入职工教育培训计划，引导干部职工自觉传承铁路红色基因和优良传统，增强报效国家、奉献铁路的责任担当。组织观看《不忘初心、砥砺前行》《榜样》等视频，教育干部职工从自我做起、从身边做起、从每一项具体事情做起，努力为铁路事业发展多作贡献。通过巡回宣讲、座谈讨论、演讲辩论、算账对比等方式，引导干部职工正确看待企业和个人的关系，不断强化“家荣我荣、家兴我兴”的思想认识。

（2）**强化“家风”培育，形成建家兴家的行动自觉**。把“不为不办找理由，只为办成想办法”作为工作导向，大力弘扬“认真负责、严格管理、遵章守纪、标准作业”和“想事干事成事，踏实务实落实”的优良“家风”。大力开展社会公德、职业道德、家庭美德、个人品德宣传教育，发动全员参与“文明站区”“文明车站”“红旗列车”示范创建，形成了敬业奉献、团结友爱、诚实守信的价值追求。采取组建宣讲团、印发宣传提纲等方式，广泛开展形势任务宣传，开展“壮丽70年，奋斗新时代”“我和我的祖国”文学艺术创作，生动讲述乌铁人的奋斗故事，激发干部职工的奋斗激情。

（3）**推进家园建设，形成共促发展的文化支撑。**推进“三线百站”资源整合和站场功能升级改造，建成乌西、库尔勒、哈密三个环场大道，建设百余个站区餐厅、浴池、文体场馆、图书室。大力实施“三乘”和沿线职工免费就餐，启动乌西哈密、库尔勒3个铁路主题

乌鲁木齐局集团公司职工在荒漠上建设美丽家园

文化公园整修改造、二宫铁路地区文旅项目开发，职工的企业归属感不断增强。常态化组织文艺采风、文体比赛、交友联谊等群众性活动，推进“站区文化长廊”“车间书屋”“青年创客联盟”建设，打造内容丰富、铁味浓厚、职工广泛参与的精神家园。积极建设现代一流的实训基地，开展参观交流、脱产培训、委外挂职锻炼，助力青年职工开阔视野、增长才干，增强了职工共建共享的积极性和主动性。

第七节 大力发展铁路文化事业和文化产业

文化事业也称公益性文化事业，以非营利为目的，为全社会提供非竞争性、非排他性的公共文化产品和服务，既包括广电网络、图书馆、博物馆、文化馆等公共设施，又涵盖公益性的文化艺术产品、群众文化活动等，主要通过公共文化服务体系来实现，由政府承担主要责任，主要是保基本、保均等。

文化产业是从事文化产品生产和提供文化服务的经营性行业，着眼于满足人民群众多方面、多层次、多样化精神文化需求，提供个性化、消费性的文化产品和服务，主要通过市场来实现，具有较强的市场导向。

发展铁路文化事业和文化产业，是推动铁路企业文化繁荣兴盛、满足职工群众和社会公众精神文化需求的重要任务。要按照党的二十大提出的“繁荣发展文化事业和文化产业”要求，坚持把社会效益放在首位、社会效益和经济效益相统一，健全现代化公共文化服务体系、现代化文化产业体系，着力提供更好更多的文化产品和服务。

（一）推动构建铁路现代化公共服务体系

聚焦干部职工和社会公众日益增长的精神文化需求，积极建设覆盖车间班组、覆盖站车服务场所的公共文化服务设施网络，建好管好用好基层图书室、局（段）史馆、爱国主义教育基地、博物馆、陈列馆等文化阵地，探索在车站列车设置图书角、摆放借书柜、打造文化景观，建立内容丰富、功能多样的网上铁博矩阵，让干部职工和社会公众更充分地享受铁路公共文化服务。加大公共文化产品和服务供给力度，面向干部职工和社会公众广泛开展群众性文化活动，充分利用中国铁路“1+18+N”全媒体矩阵、站车视频等平台，运用图文、视频、VR 等多种表达形式，打造优质铁路文化产品，不断提升铁路公共文化服务效能。

（二）推动铁路文化产业创新发展

依托铁路宝贵的文化资源，结合铁路优秀传统文化和铁路辉煌发展成就，积极开发铁路文化创意产品，组织文化创意活动，提高铁路文化的传播力和影响力。抓住媒体深度融合、出版深度融合发展的契机，加快铁路文化数字化布局，着力推进大数据、云计算、人工智能、物联网、元宇宙、区块链等技术应用，改造提升产业链，促进铁路文化产业的创作、生产、传播、消费各环节进一步转型升级。推动铁路文化与旅游、文博、教育、影视、演艺、康养等产业融合发展，将铁路文化符号、文化故事融入其中，促进铁路“文化 +”触角延伸到更多领域，进一步拓展铁路文化创新发展空间，形成铁路文化产业新的增长点。

（三）推动铁路文化单位深化改革

紧扣铁路构建“六个现代化体系”，特别是构建现代化铁路经营管理体系、构建现代化铁路治理体系，积极推动铁道出版社公司、《人民铁道》报业公司、铁路文工团等文化单位深化改革、健康发展。发挥铁路文化单位专业优势，加强铁路文学文艺人才培养，鼓励和支持优秀文学文艺人才开展创作研究、承担重点项目、参加重大活动，努力造就一批政治坚定、德才兼备、锐意创新的文学文艺人才，为繁荣铁路文化事业和文化产业打下坚实基础。

发展铁路文化事业和文化产业优秀案例

济南局集团公司党委
坚持保护开发并重　提升文物利用质效

济南局集团公司党委以胶济铁路博物馆建设开发为牵引，传播铁路优秀传统文化，发掘文博潜在效益，推进铁路文博资源创造性转化、创新性发展。

（1）抓实文物保护，夯实“两创”根基。制定“一主两辅多点”文博场馆总体规划，与山东省文旅厅签署山东铁路博物馆联合认证、共建共管合作框架协议，把铁路专业馆纳入山东省博物馆建设管理体系，构建文物征集、调拨等合作机制。争取地方政府文保资金9155万元，完成津浦、胶济铁路泰安、黄台、北关等老火车站德日建筑群修缮工作。使用地方文保专项资金4500万元，完成胶济铁路坊子站区1.7万平方米德日建筑群测绘修缮，得到国家文物局高度评价。与潍坊市签署坊子铁路站区文物保护利用框架协议，协调地方政府规划对坊子站区及周边市政设施升级改造，合力打造铁路工业遗产保护利用示范站区。

（2）深化研究阐释，提升“两创”品质。突出资政育人、服务发展，系统推进历史文化研究阐释和大众传播，讲好铁路传统故事、

胶济铁路博物馆的研学游课程深受小学生喜爱

红色故事、发展故事。实施文化文艺精品战略，组织编纂出版《山东铁路1899—2021》《胶济铁路》《国铁济南局先进人物谱志》等三部史料，完成《泺口黄河铁路大桥》近30万字撰稿任务。出版以《创业路》《奋斗者》《品牌谱》《老物件》《火车站》为主要内容的《文韵济铁》系列丛书。加强非物质文化遗产保护，开展“千人口述济铁历史”活动，组织1000余名老党员老职工讲述百年济铁历史。开设《史话》栏目，120余篇历史文化故事在省市和济南局集团公司新闻媒体精彩呈现。创作《百年胶济》《铁道游击队》等7部舞台剧、MV、评书、快板节目，成为铁路和地方党组织主题党日活动的亮点节目。

（3）**抓好融合转化，拓展“两创”空间。**坚持以铁路优秀传统文化“两创”展示企业形象、助力运输经营，努力实现社会效益与经济效益双提升。设计推出“行走百年胶济、探寻铁路奥秘”系列研学产品和“国铁国潮”系列文创产品，举办沉浸式研学小剧场、百年胶济主题音乐会等文化活动36场次，推进文博场馆面向社会公益性开放，累计接待观众16万人次。依托百年济铁丰厚的历史文化、红色文化资源和高铁优势，联合山东省文旅厅成立16地市文旅联盟，建成济南西铁路工业研学基地、机车公园、长清火车营地、袁洪峪·楸林雅筑康养旅游体验综合服务中心，推出“高铁环游齐鲁+”旅游套票和一批研学旅游、工业旅游、红色旅游特色产品，2022年文旅文传综合创效达2.92亿元。

中国铁道出版社有限公司党委
突出“四个结合”　讲好书香铁路故事

中国铁道出版社有限公司党委认真落实国铁集团党组关于推动铁路出版深度融合发展的实施意见，在中国铁路知乎平台开办“书香铁路·列车小讲堂”固定直播栏目，突出“四个结合”讲好书香铁路故事，为更好普及铁路知识、宣传铁路成就和传播铁路文化发挥了积极作用。

（1）**突出线上和线下相结合，贴近粉丝需求点。**将“列车小讲堂”定位为“书香铁路”品牌下的日常线上子栏目，围绕普及铁路知识、弘扬铁路文化、展示铁路形象，广泛收集梳理知乎平台上涉及铁路的相关问题，结合时间节点、热门程度分类备答。邀请铁路行业专家、一线职工、铁路图书作者、铁路专业编辑、读者及铁路爱好者做客直播间、深入铁路站车现场，按大众需求互动答疑。承办3场“书香铁路·我喜爱的好书”推介活动，推出第二届全民阅读大会“坐着高铁品书香”特别节目，利用知乎平台全程直播，受到广泛关注和好评。

（2）**突出知识和故事相结合，增强节目趣味性。**在节目内容上坚持“大众口味”，表达上坚持通俗化，打造“春晚说高铁”“十

在书香驿站开展“书香铁路·我喜爱的好书”主题访谈

年逐梦，只为美好出行”等优秀产品，邀请著名科普作家、中央电视总台驻铁路资深记者以亲历者视角介绍新时代十年中国铁路自觉服务国家改革发展大局的责任担当。深入服务和参与第二届全民阅读大会，举办“书香铁路·我喜爱的好书”主题访谈，围绕“不变的红色传承”“一带一路的钢铁驼队”“中国铁路的速度与激情”等主题，讲述铁路故事、分享读书乐趣，并利用“列车小讲堂”进行二次传播，进一步叫响书香铁路品牌。

（3）**突出图书和人物相结合，增强节目互动性。**围绕图书内容，结合网友提问，深入挖掘适合在知乎平台作答的图书和作者资源，精心策划直播选题，邀请图书作者、编辑和书中人物从幕后走到台前，为读者讲述书中知识和典型故事，分享创作历程和心得体会。邀请铁路文工团知名编辑、铁路网红、铁路先进典型在线讲铁路历史、话发展前景，多视角展现铁路辉煌成就，让更多网友感受“人民铁路为人民”的不变初心，增强对铁路的情感认同和价值认同。

（4）**突出新闻和旧事相结合，让发展成绩更直观。**在节目制作中，聚焦中国铁路日新月异的发展变化，从历史纵深的视角讲述铁路红色故事、奋斗故事。直播节目《百年回望说唐胥》，透过铁路的百年巨变，让网友看到在党的领导下铁路人不懈奋斗的精神风貌和追求卓越的奋进姿态；《澜湄明珠、流光溢彩——记中老铁路开通一周年》讲述友谊工程建设开通运营背后的故事，精彩展现中国铁路走出去的实力与担当；《百年对望话京张》以京张高铁开通三周年为契机，聊京张、话今昔，与网友一起体悟我国综合国力的飞跃，单场直播收看突破2万热度。

中国铁道博物馆党委
努力推动铁路文物“活”起来“火”起来

中国铁道博物馆党委认真贯彻落实新时代文物工作方针，加强对铁路文物的收集、保护及其价值的挖掘和利用，努力推动铁路文物“活”起来、“火”起来。

（1）**在规范管理上下功夫。**深入学习贯彻习近平总书记关于文物工作的重要论述，认真落实国铁集团党组关于铁路文物保护利用的部署要求，持续加强文物工作规范化、制度化和信息化建设。新建和改造大型金属类文物库房和纸质文物库房，安装先进的恒温恒湿低氧气密柜系统，显著改善文物保藏空间和环境。升级改造文物藏品管理系统，实现藏品数据与国家文物局等机构管理系统的互通共享，提升了文物管理信息化水平。健全完善文物管理规章制度，制发13份文件和办法，推动铁路文物工作有章可循、严谨规范。

（2）**在主题展览上下功夫。**围绕传播冬奥文化、高铁文化、铁路优秀传统文化，策划举办《盛世华章、冰雪之约——乘着火车看冬

“小小讲解员”铁路文化使者

奥》《大美冬季、冰雪欢歌——喜庆冬奥摄影展》《瑞雪迎春舞冬奥——铁路助力冬奥精彩回眸》《永不褪色的红色印记——“毛泽东号”机车文物精品展》等“铁字号”主题展览。承办“庆祝建党100周年铁路老物件精品说”“穿越百年、砥砺初心”2022年铁路老物件精品说巡回展演活动——走进东北铁路、“铁路老物件精品说”巡回展演——走进三秦铁路，以现场讲解、文艺表演等形式生动讲好铁路老物件故事。

（3）**在馆校合作上下功夫**。积极参与首届北京博物馆活动月组织的“百家博物馆进校园”活动，集中铁路社教工作骨干，精心设计开发“火车奥秘知多少”等系列科普精品课程和研学活动，受到学校师生广泛欢迎。抓住“博物馆之城”建设与教育行业“双减工作”紧密推进的契机，开展“小小讲解员”铁路文化使者培育项目，与多家教育机构实现长期合作，推出“爱与知识零距离”云支教小讲堂，促进馆藏优质资源融入教育体系，彰显了铁路人的社会担当。

（4）**在文创开发上下功夫**。与行业内博物馆、各类教育和文化机构等深度合作，开发列车超人、机车图案冰箱贴、“毛泽东号”机车马克杯、中欧班列集装箱笔筒等一系列文创产品，承办和参与全国科技活动周暨北京科技周活动、北京中轴非遗潮荟等文创活动。2023年5月1日至3日，承办“文物·创意·生活——2023年北京博物馆文创市集”活动，吸引40余家博物馆和单位参展，是北京市历年来跨越时间最长、博物馆参与数量最多的一次文创市集，让观众在互动体验中感受到中华文化的魅力。

后记

经国铁集团党组领导审定，《新时代铁路企业文化建设工作指引》正式出版。本书由国铁集团党组宣传部组织编写，国铁集团机关各部门、铁道党校和沈阳局、太原局、呼和浩特局、郑州局、西安局、济南局、上海局、广州局、昆明局、兰州局、乌鲁木齐局集团公司党委宣传部给予了大力支持。

参与本书编写工作的有侯继宏、任宏、曹悦、鲁瑾熙、陶现锋、刁鹤、赵金花、奇雪蕊、喻家明、冯雷、胡德才、陈子微、王兆善、何平宇、胡朝晖、陈明君、张俊峰、吴磊、王彦州、姜秀玉、吴敏燕、孙敢勋。厉于、陈亮、冯超、薛艳伟、张英负责策划及统稿工作。宋强太主持本书的编写工作。

由于水平有限，书中难免存在疏漏和不当之处，敬请读者不吝批评指正。